Veronika Pichl

Perfekte Pizza

Veronika Pichl

Perfekte Pizza

Die besten Rezepte für den italienischen Klassiker

riva

Bibliografische Information der Deutschen Nationalbibliothek
Die Deutsche Nationalbibliothek verzeichnet diese Publikation in der Deutschen Nationalbibliografie. Detaillierte bibliografische Daten sind im Internet über https://dnb.de abrufbar.

Für Fragen und Anregungen
info@rivaverlag.de

Wichtiger Hinweis
Ausschließlich zum Zweck der besseren Lesbarkeit wurde auf eine genderspezifische Schreibweise sowie eine Mehrfachbezeichnung verzichtet. Alle personenbezogenen Bezeichnungen sind somit geschlechtsneutral zu verstehen.

Originalausgabe
1. Auflage 2023

Türkenstraße 89
80799 München
Tel.: 089 651285-0
Fax: 089 652096

Redaktion: Caroline Kazianka
Umschlaggestaltung: Isabella Dorsch
Umschlagabbildung: PHOTOART Food- und Werbefotografie GmbH
Satz und Layout: inpunkt[w]o, Haiger (www.inpunktwo.de)
Satz: inpunkt[w]o, Haiger (www.inpunktwo.de)
Druck: Firmengruppe APPL, aprinta Druck, Wemding
Printed in Germany

ISBN Print 978-3-7423-2270-8
ISBN E-Book (PDF) 978-3-7453-2068-8
ISBN E-Book (EPUB, Mobi) 978-3-7453-2069-5

Weitere Informationen zum Verlag findest du unter
www.rivaverlag.de
Beachte auch unsere weiteren Verlage unter www.m-vg.de

Inhalt

Pizza – ein Stück Italien auf dem Tisch

Kaum ein anderes Gericht wird als so typisch italienisch angesehen wie die Pizza. Kross gebackener Teig, eine fruchtige Tomatensoße und zart schmelzender Mozzarella machen die herzhaften Teigfladen zu einem der beliebtesten Gerichte weit über Italien hinaus. Das verwundert kaum, denn Pizza ist unglaublich wandelbar:

- Sie lässt sich mit den unterschiedlichsten Zutaten belegen und wird damit zu einem ganz individuellen Genuss. Ob Fleischliebhaber, Vegetarier oder Veganer: Pizza gibt es in unzähligen Varianten, sodass wirklich jeder seinen persönlichen Favoriten findet.
- Pizza lässt sich allein, zu zweit oder in geselliger Runde genießen. Je nach Anzahl der Personen können die Mengenangaben der Zutaten ganz einfach angepasst werden.
- Pizza ist das ideale Gericht für alle, die gerne gemeinsam kochen. Der Teig lässt sich wunderbar vorbereiten, und beim Belegen haben alle ihren Spaß. Selbst die Kleinsten können da schon mithelfen und ihre Pizza ganz nach Wunsch verzieren – vielleicht mit einem lustigen Gesicht oder einem Muster aus buntem Gemüse? Der Kreativität sind keine Grenzen gesetzt.

Wie aber gelingt nun die Pizza im heimischen Ofen ebenso gut wie beim Italiener? Um auch zu Hause eine knusprige Gaumenfreude auf den Tisch zu bringen, müssen lediglich einige wenige Dinge beachtet werden. Dieses Buch liefert eine kurze Einführung in die Grundlagen der Pizzaherstellung, sodass selbst Einsteiger schnell Erfolgserlebnisse verbuchen können.

Die nachfolgende Rezeptesammlung lässt das Herz eines jeden Pizzaliebhabers höherschlagen, hält sie doch Kreationen für jeden Geschmack bereit. Alle, die ihre Lieblingspizza auch zu Hause genießen möchten, finden hier sämtliche Klassiker wie etwa Pizza Salame, Quattro Formaggi oder Calzone.

Auch Fans ausgefallener Variationen erhalten jede Menge Inspiration. Neben der klassischen Zubereitung mit Hefe werden weitere Teigvarianten vorgestellt. So freuen sich ganz Eilige sicher über Teige, die ganz ohne Gehzeit auskommen.

Oder wie wäre es einmal mit einer rustikalen Sauerteig-Pizza?

Pizza zubereiten – So geht's

DER TEIG

Um in den Genuss einer Pizza mit knusprig zartem Boden zu kommen, ist die sorgfältige Teigzubereitung von großer Bedeutung. Für einen klassischen Pizzateig braucht es im Grunde nur wenige Zutaten: Mehl, Wasser, Hefe und Salz.

Optional kann etwas Olivenöl hinzugegeben werden. Es verbessert die Geschmeidigkeit des Teiges und sorgt dafür, dass der Pizzaboden besonders knusprig wird. Um das Aufgehen des Teiges zu unterstützen, wird zudem gerne eine Prise Zucker oder etwas Honig zugefügt. Pizzateig-Grundrezepte mit Hefe, aber auch mit Sauerteig, Backpulver oder als Quark-Öl-Teig-Variante findest du ab Seite 14.

DAS RICHTIGE MEHL

Bei der Auswahl eines geeigneten Mehles kommt es vor allem auf den Anteil an Klebereiweiß (Gluten) an. Das Gluten bindet Wasser und sorgt für einen elastischen Teig, der bei der Verarbeitung nicht reißt. Folgende Mehle können zum Pizzabacken verwendet werden:

Weizenmehl Type 405: Dieses Weizenmehl eignet sich hervorragend zur Herstellung eines guten Pizzateiges. Es enthält nur wenige Randschichten des Weizenkorns und ist daher besonders glatt und fein. Der Glutengehalt liegt bei rund 8600 mg pro 100 g Weizenmehl.

Weizenmehl Type 550: Weizenmehl der Type 550 kann ebenfalls sehr gut verwendet werden. Es enthält etwas mehr Ballaststoffe und Mineralien als das Mehl der Type 405. Der Glutenanteil ist hingegen etwas geringer (rund 7500 mg pro 100 g). Der Pizzateig wird mit diesem Mehl ein klein wenig dunkler und geschmacksintensiver als mit Weizenmehl der Type 405.

Mehl Tipo 00 (Pizzamehl): Online oder im gut sortierten Supermarkt ist spezielles Pizzamehl erhältlich. Empfehlenswert ist hier der Griff zu original italienischen Mehlen mit der Bezeichnung »Tipo 00«.

Doch Vorsicht: Tipo 00 gibt es in unterschiedlichen Varianten, zum Beispiel auch für Pasta oder zum Brotbacken. Daher unbedingt zur explizit zum Pizzabacken geeigneten Sorte greifen. Diese enthält in der Regel einen Anteil von rund 12,5 bis 14 Prozent Gluten.

Weitere Mehle: Für Abwechslung beim Pizzabacken sorgen weitere Mehle, die die oben angegebenen Sorten entweder gänzlich ersetzen oder die diesen beigemischt werden. So kann durchaus auch eine Pizza aus Vollkornmehl gebacken werden. Spezielle Pizzavarianten wie etwa die Pinsa enthalten Anteile an Kichererbsen- oder Reismehl. Bei der Zubereitung einer glutenfreien Pizza können unter anderem Kartoffel- und Reismehl zum Einsatz kommen.

Hefe

Hefe sorgt dafür, dass der Pizzateig aufgeht. Sie verstoffwechselt Zucker zu Alkohol und Kohlendioxid und verleiht dem Hefeteig seinen charakteristischen Geschmack. Ein Pizzateig gelingt sowohl mit frischer Hefe als auch mit Trockenhefe. Trockenhefe ist besonders praktisch, da sie lange haltbar und daher meist ohnehin im Lebensmittelvorrat vorhanden ist.

Generell gilt: Je länger die Ruhezeit des Teiges, desto weniger Hefe wird benötigt. Daher lässt sich ein traditioneller Pizzateig bei langer Gehzeit sogar mit nur 0,5–3 g Frischhefe zubereiten.

Tipp:

Frische Hefe lässt sich auch sehr gut einfrieren. Dazu einfach einen Würfel in der Originalverpackung oder Hefereste in einem kleinen Gefrierbeutel in den Gefrierschrank legen. Am Tag des Verzehrs auftauen lassen oder stückweise in lauwarmer Flüssigkeit anrühren.

Kneten

Gründliches Durchkneten bringt genügend Luft in den Pizzateig, sodass dieser in der anschließenden Ruhezeit optimal aufgeht. Es empfiehlt sich, den Teig etwa 10–15 Minuten in der Küchenmaschine oder mit den Knethaken eines Handmixers durchzukneten. Alternativ kann selbstverständlich auch von Hand geknetet werden.

Teigruhe

Die Gehzeit ist abhängig von der Art des Teiges. Bei jedem Pizzateig-Rezept findest du die empfohlenen Ruhezeiten.

Portionieren und zweite Teigruhe

Nach der ersten Gehzeit wird der Teig in die gewünschten Portionen aufgeteilt. Dazu trennt man Teiglinge zum Beispiel mithilfe eines Spatels ab und formt sie dann zu Kugeln. Dabei ist es wichtig, Spannung in die Teigoberfläche zu bringen, den Teig also mit der hohlen Hand zu Kugeln zu »schleifen«.

Die Teigkugeln danach in eine bemehlte oder mit Öl ausgestrichene Pizzabox oder einen ausreichend großen bemehlten oder mit Öl ausgestrichenen Behälter geben und mit einem Deckel oder Frischhaltefolie bedecken. Das Abdecken der Teiglinge ist wichtig, um zu verhindern, dass sich eine trockene Kruste bildet.

Im Anschluss daran folgt die zweite Gehzeit, die je nach Art des Teiges unterschiedlich lang ausfallen kann. Auch dies ist in den Rezepten angegeben.

Jetzt geht's rund: Formen der Pizza

Hat der Pizzateig ausreichend Ruhe genossen, geht es ans Formen der Pizza. Das Arbeiten per Hand ist dem Ausrollen mit dem Nudelholz unbedingt vorzuziehen, denn so werden die im Teig entstandenen Gase nicht herausgedrückt, und die fertige Pizza gelingt wunderbar fluffig. Und so geht's:

Die Arbeitsfläche mit Mehl oder – für extra knusprigen Pizzaboden – mit einer Mehl-Hartweizengrieß-Mischung (z. B. 2 Teile Mehl und 1 Teil Hartweizengrieß) bestäuben. Teigling mithilfe eines Teigspatels aus dem Behälter nehmen. Die glatte Oberfläche der Teigkugel sollte dabei unversehrt bleiben. Dann Teigling auf die Arbeitsfläche setzen und mit den

Fingerspitzen von innen nach außen leicht flach drücken, sodass eine Mulde im Teigfladen entsteht. Den Rand (etwa 2 cm) nicht bearbeiten, damit er luftig bleibt und beim Backen schön aufgeht. Die Mulde mit beiden Handinnenflächen und Drehbewegungen vorsichtig auseinanderziehen, bis die gewünschte Pizzagröße und -dicke erreicht ist. Darauf achten, dass der Teig in der Mitte nicht zu dünn wird oder sogar reißt.

Es gibt natürlich mehrere Möglichkeiten, um einen Pizzaboden auszuformen. Fortgeschrittene bringen den Teig etwa in Form, indem sie ihn von einer Hand in die andere »werfen«.

DIE PIZZASOSSE

Für den perfekten Pizzagenuss ist auch eine aromatische Soße von entscheidender Bedeutung. In der Regel wird eine fruchtige Tomatensoße verwendet, die aus Tomaten, Zwiebeln und Kräutern besteht (Grundrezepte ab Seite 26). Besonders wenn es schnell gehen soll, sind dabei gehackte oder passierte Tomaten eine praktische Alternative zu frischem Gemüse. Einige Pizzavarianten kommen jedoch ohne Tomatensoße aus. Wer seine Geschmacksnerven einmal auf andere Weise verwöhnen möchte, kann mit verschiedenen italienischen Frischkäsesorten wie Mascarpone oder Ricotta oder auch mit Crème fraîche eine leckere Pizzagrundlage kreieren. Gerne kommen auch Oliven- oder Trüffelöl zum Einsatz.

DER BELAG

Bei der Auswahl des Pizzabelags sind der Fantasie so gut wie keine Grenzen gesetzt. Puristen belegen ihre Pizza lediglich mit Mozzarella und genießen – mit ein wenig Basilikum garniert – eine schmackhafte Pizza Margherita. Die Rezepte zeigen dir viele weitere leckere Belagvarianten.

Neben Mozzarella aus Kuhmilch oder dem hochwertigeren Büffelmozzarella werden bei der Pizzazubereitung weitere Käsesorten wie etwa Parmesan (Parmigiano Reggiano) oder Pecorino verwendet. Hinsichtlich der weiteren Zutaten ist der persönliche Geschmack entscheidend. Beliebte Beläge sind beispielsweise:

- Fleisch und Wurstwaren – Salami, Schinken, Hackfleisch, gebratene Putenbruststreifen etc.

- Fisch und Meeresfrüchte – Sardellen, Thunfisch, Räucherlachs, Garnelen etc.
- Gemüse – Kirschtomaten, Champignons, Brokkoli, Paprika, Zwiebeln, Artischocken, Mais etc.

Tipp:

Vegetarier und Veganer können zusätzlich aus dem reichhaltigen Angebot an pflanzlichen Fleischalternativen wählen. Auch pflanzliche Käsealternativen gibt es mittlerweile in großer Auswahl.

AB IN DEN OFEN!

Das beste Backergebnis wird grundsätzlich bei hoher Hitze erreicht. Während in einem traditionellen Steinofen Temperaturen von 400–500 °C herrschen, ist dies im Backofen zu Hause natürlich nicht möglich. Im Handel sind allerdings spezielle Pizzaöfen für den Hausgebrauch erhältlich, die vergleichbar hohe Temperaturen erzielen.

Für eine knusprige Pizza wird der Pizzaofen auf die Maximaltemperatur (350–400 °C) vorgeheizt. Während der Vorheizzeit wird der Pizzateig geformt und nach Belieben belegt. Um die Pizza ohne Ankleben auf einen Pizzaschieber zu ziehen, ist es empfehlenswert, den Pizzaschieber mit Hartweizengrieß zu bestreuen. Mithilfe des Pizzaschiebers wird die Pizza dann auf den heißen Stein im Pizzaofen geschoben. Innerhalb von meist schon 3–5 Minuten ist die Pizza kross gebacken und kann mit dem Pizzaschieber wieder aus dem Ofen geholt werden. Selbstverständlich kann eine Pizza auch in einem normalen Ofen zubereitet werden.

Dazu Backofen auf 250 °C Ober-/Unterhitze (oder 230 °C Umluft) vorheizen. Währenddessen Pizzateig formen, auf ein mit Backpapier belegtes Backblech geben und nach Belieben belegen. Im vorgeheizten Backofen benötigt die Pizza etwa 15–20 Minuten. Normalerweise ist die Pizza fertig, wenn der Rand leicht gebräunt und der Käse schön verlaufen ist.

Tipp:

Ein preiswertes und praktisches Hilfsmittel für passionierte Pizzabäcker ist ein Pizzastein, der im Ofen aufgeheizt wird. Der Pizzastein speichert die Hitze und gibt diese gleichmäßig an die Pizza ab. So wird der Pizzaboden wunderbar knusprig, fast wie im Steinofen.

Hinweise zu den Rezepten

PIZZATEIG

Die Grundrezepte für die Teige sind ausgelegt auf 3–4 Pizzen, je nach gewünschter Teigstärke und Pizzagröße.

Der Durchschnittswert für eine Pizza mit einem Durchmesser von 27–30 cm und einem dünnen Boden mit leicht erhöhtem Rand liegt bei etwa 220–250 g Teig. Für ein ganzes Backblech benötigt man in etwa die doppelte Menge.

Teile die Gesamtmenge des Grundrezepts einfach in die gewünschten Portionsgrößen.

TOMATENSOSSE

Für 1 Pizza mit einem Durchmesser von ca. 30 cm brauchst du etwa 70–80 g Soße. Auch hier kann die Menge nach Belieben variiert werden. Die Tomatensoße trägt man am besten mit einem großen Löffel oder einer Schöpfkelle in kreisförmigen Bewegungen von innen nach außen auf.

MOZZARELLA

Traditionell wird für Pizza Mozzarella verwendet. Er schmilzt gut und überdeckt durch seinen milden Geschmack nicht das Aroma der anderen Zutaten.

Im Supermarkt findet man meist Mozzarellakugeln in Salzlake, die aus Kuhmilch hergestellt werden. Etwas teurer ist der Büffelmozzarella (Mozzarella di bufalo). Durch seinen höheren Fettgehalt ist sein Geschmack intensiver und die Konsistenz feiner.

Mozzarella enthält oft sehr viel Feuchtigkeit. Um zu vermeiden, dass sich beim Backen Wasser auf der Pizza absetzt, sollte man ihn vorher in Scheiben schneiden und diese auf Küchenpapier gut abtropfen lassen.

Meine besondere Empfehlung ist Fior di Latte. Dieser Mozzarella aus Kuhmilch hat eine festere Konsistenz und ist etwas trockener als herkömmlicher Mozzarella, weil er nach der Herstellung gut abtropfen kann und nicht in Lake gelagert wird.

HARTWEIZENGRIESS

Um die Pizza ohne Ankleben auf einen Pizzaschieber zu ziehen, ist es empfehlenswert, den Pizzaschieber mit Hartweizengrieß zu bestreuen.

Ich wünsche dir viel Freude beim Ausprobieren der Rezepte – und noch viel mehr beim anschließenden Pizzagenuss!

Guten Appetit!

Grundrezepte

Pizzateig – einfaches Grundrezept

FÜR 3–4 TEIGPORTIONEN (SIEHE S. 10)

ZUTATEN:

250–270 ml zimmerwarmes Wasser
42 g Frischhefe oder 14 g Trockenhefe
500 g Weizenmehl Type 405 oder Mehl Tipo 00
1 Prise Zucker (optional)
2 EL Olivenöl
10 g (feines Meer-)Salz

Olivenöl oder Mehl für die Pizzabox

Mehl/Mehl-Hartweizengrieß-Mischung zum Bestreuen der Arbeitsfläche

1. 100 ml des Wassers in eine Schüssel gießen, die Hefe hineinbröseln oder -streuen und durch Rühren auflösen.
2. Mehl und Zucker in der Schüssel der Küchenmaschine vermischen.
3. Hefewasser und 150 ml Wasser hinzufügen und alles gut durchkneten.
4. Olivenöl und Salz zugeben und alles zu einem glatten Teig verarbeiten. Dabei nach Bedarf noch etwas Wasser zugießen, falls der Teig zu trocken ist.
5. Teig 10–15 Minuten kneten, dann zu einer Kugel formen, in eine Schüssel legen und mit Frischhaltefolie oder einem feuchten Küchentuch abdecken. Teig 30–45 Minuten an einem warmen Ort gehen lassen, bis er sich in etwa verdoppelt hat.
6. Danach Teig in 3–4 etwa gleich große Stücke teilen. Diese jeweils zu Kugeln formen bzw. rund schleifen (siehe S. 10).
7. Eine Pizzabox oder einen Behälter mit Olivenöl auspinseln oder mit Mehl bestreuen und die Teigkugeln mit Abstand zueinander hineinsetzen. Mit einem Deckel oder Frischhaltefolie bedecken und Teig mindestens weitere 30–45 Minuten an einem warmen Ort gehen lassen.

Tipp:

500 g Weizenmehl Type 405 kann man durch Dinkelmehl Type 630 oder eine Mischung aus 250 g Weizenmehl Type 405 und 250 g Weizenmehl Type 550 ersetzen. Mit dem gleichen Rezept funktioniert auch ein Vollkornpizzateig. Statt Weizenmehl einfach Weizen- oder Dinkelvollkornmehl nehmen und die Wassermenge um ca. 30 ml erhöhen.

8. Den Backofen auf 250 °C Ober-/Unterhitze (oder 230 °C Umluft) vorheizen.
9. Teigkugeln auf der bemehlten Arbeitsfläche zu Pizzaböden formen (siehe S. 10), nach Wunsch belegen und im Ofen 15–20 Minuten knusprig backen.

Backzeiten (produktabhängig):

- Im vorgeheizten Pizzaofen (350–400 °C) benötigt die Pizza nur 3–5 Minuten.
- Auf dem im Backofen bei auf 250 °C Ober-/Unterhitze aufgeheizten Pizzastein ist die Pizza in 10–15 Minuten fertig gebacken.

Neapolitanischer Pizzateig

FÜR 3–4 TEIGPORTIONEN (SIEHE S. 10)

ZUTATEN:

50 ml lauwarmes Wasser
1 g Frischhefe
250 ml eiskaltes Wasser
15 g (feines Meer-)Salz
500 g Mehl Tipo 00

Olivenöl oder Mehl für die Pizzabox

Mehl/Mehl-Hartweizengrieß-Mischung zum Bestreuen der Arbeitsfläche

1. Das lauwarme Wasser in eine kleine Schüssel geben, die Hefe hineinbröseln und durch Rühren auflösen.
2. 3 EL vom kalten Wasser abnehmen, in eine kleine Schüssel geben und das Salz darin auflösen.
3. Mehl, Hefewasser und restliches kaltes Wasser in der Schüssel der Küchenmaschine vermengen und 10–15 Minuten kneten. Nach ca. 5 Minuten das Salzwasser zugießen und einarbeiten.
4. Teig zu einer Kugel formen, in eine Schüssel geben und mit Frischhaltefolie oder einem feuchten Küchentuch abdecken. Bei Raumtemperatur ca. 30 Minuten gehen lassen.
5. Danach Teig in 3–4 Portionen teilen und diese jeweils zu Kugeln formen bzw. rund schleifen (siehe S. 10).
6. Eine Pizzabox oder einen Behälter mit Olivenöl auspinseln oder mit Mehl bestreuen und die Teigkugeln mit Abstand zueinander hineinsetzen. Mit einem Deckel oder Frischhaltefolie bedecken und für ca. 36–48 Stunden in den Kühlschrank stellen.
7. Teiglinge ca. 2 Stunden vor Verarbeitung aus dem Kühlschrank nehmen.
8. Den Backofen auf 250 °C Ober-/Unterhitze (oder 230 °C Umluft) vorheizen.
9. Danach auf der bemehlten Arbeitsfläche zu Pizzaböden formen (siehe S. 10), nach Wunsch belegen und im Ofen 15–20 Minuten knusprig backen.

Tipp:

Bei Neapolitanischer Pizza ist es wichtig, Mehl Tipo 00 zu verwenden. Wird die Pizza im Backofen gebacken, sollte der Teig mindestens 48 Stunden im Kühlschrank ruhen. Außerdem kann man ca. 10 g Backmalz hinzufügen, um die Bräunung zu unterstützen, ansonsten ist der Pizzaboden nach dem Backen noch sehr hell.

Bei der Zubereitung im Pizzaofen ist das nicht nötig, da hier höhere Temperaturen herrschen und der Pizzaboden ohnehin eine schöne Bräune bekommt.

Neapolitanische Pizza hat einen dünnen Boden und einen fluffigen Rand.

Die passende neapolitanische Tomatensoße besteht aus 1 Dose (ca. 400 g) geschälten San-Marzano-Tomaten, einer sehr aromatischen italienischen Flaschentomatensorte, und 1 Prise feinem Meersalz. Einfach vermischen und mit der Gabel zerdrücken (ergibt ca. 4–6 Portionen).

Backzeiten (produktabhängig):

- Im vorgeheizten Pizzaofen (350–400 °C) benötigt die Pizza nur 3–5 Minuten.
- Auf dem im Backofen bei auf 250 °C Ober-/Unterhitze aufgeheizten Pizzastein ist die Pizza in 10–15 Minuten fertig gebacken.

Pizzateig mit Sauerteig

FÜR 3–4 TEIGPORTIONEN (SIEHE S. 10)

ZUTATEN:

100 g Weizen-Sauerteig
250 g Weizenmehl Type 405
250 g Mehl Tipo 00
12 g (feines Meer-)Salz
2 EL Olivenöl
260–300 ml zimmerwarmes Wasser

Olivenöl oder Mehl für die Pizzabox

Mehl/Mehl-Hartweizengrieß-Mischung zum Bestreuen der Arbeitsfläche

1. Alle Zutaten in der Schüssel der Küchenmaschine vermischen und zu einem glatten Teig verarbeiten.Wassermenge dabei anpassen, damit der Teig nicht zu nass oder zu trocken ist. Teig 10–15 Minuten kneten, dann zu einer Kugel formen, in eine Schüssel legen und mit Frischhaltefolie oder einem feuchten Küchentuch abdecken. Ca. 1 Stunde bei Raumtemperatur gehen lassen.
2. Danach Teig in 3–4 Portionen teilen. Diese jeweils dehnen und falten, dann zu Kugeln formen bzw. rund schleifen (siehe S. 10).
3. Eine Pizzabox oder einen Behälter mit Olivenöl auspinseln oder mit Mehl bestreuen und die Teigkugeln mit Abstand zueinander hineinsetzen. Mit einem Deckel oder Frischhaltefolie bedecken.

FÜR DIE SCHNELLE VARIANTE

1. Teiglinge mindestens 6–12 Stunden bei Zimmertemperatur ruhen lassen.
2. Den Backofen auf 250 °C Ober-/Unterhitze (oder 230 °C Umluft) vorheizen.
3. Dann jeweils auf der bemehlten Arbeitsfläche zu Pizzaböden formen (siehe S. 10), nach Wunsch belegen und im Ofen 15–20 Minuten knusprig backen.

LANGSAME VARIANTE FÜR NOCH MEHR GESCHMACK:

1. Teiglinge mindestens 24 Stunden in den Kühlschrank geben.
2. Dann nochmals gut dehnen und falten, wieder zu Kugeln formen und rund schleifen. In die Pizzabox zurücklegen, abdecken und weitere 24 Stunden in den Kühlschrank stellen.
3. Teiglinge ca. 2 Stunden vor der Verarbeitung aus dem Kühlschrank nehmen.
4. Den Backofen auf 250 °C Ober-/Unterhitze (oder 230 °C Umluft) vorheizen.
5. Danach auf der bemehlten Arbeitsfläche zu Pizzaböden formen (siehe S. 10), nach Wunsch belegen und im Ofen 15–20 Minuten knusprig backen.

Backzeiten (produktabhängig):

- Im vorgeheizten Pizzaofen (350–400 °C) benötigt die Pizza nur 3–5 Minuten.
- Auf dem im Backofen bei auf 250 °C Ober-/Unterhitze aufgeheizten Pizzastein ist die Pizza in 10–15 Minuten fertig gebacken.

Pizzateig mit Hartweizengrieß

FÜR 3–4 TEIGPORTIONEN (SIEHE S. 10)

ZUTATEN:

270–300 ml zimmerwarmes Wasser
21 g Frischhefe oder 7 g Trockenhefe
400 g Weizenmehl Type 405 oder Tipo 00
100 g Hartweizengrieß
1 TL Zucker (optional)
3 EL Olivenöl
12 g (feines Meer-)Salz

Olivenöl oder Mehl für die Pizzabox

Mehl/ Mehl-Hartweizengrieß-Mischung zum Bestreuen der Arbeitsfläche

1. 100 ml Wasser in eine Schüssel gießen, die Hefe hineinbröseln oder -streuen und durch Rühren auflösen.
2. Mehl, Hartweizengrieß und Zucker in der Schüssel der Küchenmaschine vermischen.
3. Hefewasser und 170 ml Wasser hinzufügen und alles gut durchkneten.
4. Olivenöl und Salz hinzugeben und alles zu einem glatten Teig verarbeiten, evtl. noch etwas Wasser zugießen, falls der Teig zu trocken ist. Teig 10–15 Minuten kneten, dann zu einer Kugel formen, in eine Schüssel legen und mit Frischhaltefolie oder einem feuchten Küchentuch abdecken. Teig ca. 1 Stunde an einem warmen Ort gehen lassen, bis er sich in etwa verdoppelt hat.
5. Danach Teig in 3–4 etwa gleich große Stücke teilen. Diese jeweils zu Kugeln formen bzw. rund schleifen (siehe S. 10).
6. Eine Pizzabox oder einen Behälter mit Olivenöl auspinseln oder mit Mehl bestreuen und die Teigkugeln mit Abstand zueinander hineinsetzen. Mit einem Deckel oder Frischhaltefolie bedecken und Teiglinge mindestens 1 Stunde an einem warmen Ort gehen lassen.
7. Den Backofen auf 250 °C Ober-/Unterhitze (oder 230 °C Umluft) vorheizen.
8. Teigkugeln auf der bemehlten Arbeitsfläche zu Pizzaböden formen (siehe S. 10), nach Wunsch belegen und im Ofen 15–20 Minuten knusprig backen.

Backzeiten (produktabhängig):

- Im vorgeheizten Pizzaofen (350–400 °C) benötigt die Pizza nur 3–5 Minuten.
- Auf dem im Backofen bei auf 250 °C Ober-/Unterhitze aufgeheizten Pizzastein ist die Pizza in 10–15 Minuten fertig gebacken.

Pizzateig mit Backpulver

FÜR 2 RUNDE PIZZEN ODER 1 BLECH

ZUTATEN:

350 g Weizenmehl Type 405 oder Dinkelmehl Type 630
3 EL Olivenöl
3 TL Backpulver
1 TL (feines Meer-)Salz
200–230 ml Milch oder Pflanzendrink oder Wasser

Mehl/Mehl-Hartweizengrieß-Mischung zum Bestreuen der Arbeitsfläche

1. Alle Zutaten in die Schüssel der Küchenmaschine geben, dabei zunächst 200 ml Milch nehmen. Alles gut verkneten und evtl. noch etwas Milch hinzufügen, falls der Teig zu trocken ist.
2. Den Backofen auf 250 °C Ober-/Unterhitze (oder 230 °C Umluft) vorheizen.
3. Teig in 2 Portionen teilen und jeweils auf der bemehlten Arbeitsfläche mit einem Teigroller zu einem runden Pizzaboden ausrollen. Oder den ganzen Teig auf einem mit Backpapier belegten Backblech ausrollen. Pizza nach Belieben belegen und im Ofen 15–20 Minuten knusprig backen.

Tipp:

Der Teig kann sofort ohne Ruhezeit verarbeitet werden und ergibt schnell eine leckere Pizza, falls man mal keine Hefe zu Hause hat.

Backzeiten (produktabhängig):

- Im vorgeheizten Pizzaofen (350–400 °C) benötigt die Pizza nur 3–5 Minuten.
- Auf dem im Backofen bei auf 250 °C Ober-/Unterhitze aufgeheizten Pizzastein ist die Pizza in 10–15 Minuten fertig gebacken.

Pinsateig

FÜR 3–4 TEIGPORTIONEN **(SIEHE S. 10)**

ZUTATEN:

300 ml kaltes Wasser
3 g Frischhefe oder
1 g Trockenhefe oder
50 g Lievito Madre*
350 g Weizenmehl Type 550
50 g Dinkelvollkornmehl
60 g Reismehl
50 g Kichererbsenmehl
1 EL Olivenöl
10 g (feines Meer-)Salz

Olivenöl oder Mehl
für die Pizzabox

Mehl/Mehl-Hartweizengrieß-
Mischung zum Bestreuen der
Arbeitsfläche

1. 50 ml Wasser in eine Schüssel gießen, die Hefe hineinbröseln oder -streuen und durch Rühren auflösen.
2. Die Mehle in der Schüssel der Küchenmaschine vermischen.
3. Hefewasser und restliches Wasser hinzufügen und alles gut durchkneten.
4. Dann Olivenöl und Salz zugeben und alles zu einem glatten Teig verarbeiten. Evtl. noch etwas Wasser zugießen, falls der Teig zu trocken ist. Teig 10–15 Minuten kneten, dann zu einer Kugel formen, in eine Schüssel setzen und mit Frischhaltefolie oder einem feuchten Küchentuch abdecken. (Hinweis: Pinsateig ist etwas klebriger als herkömmlicher Pizzateig.) Ca. 30 Minuten bei Raumtemperatur gehen lassen.

Tipp:

Man kann bei einer langen Ruhezeit sogar noch weniger Frischhefe verwenden, z. B. nur ½–1 g.

Pinsateig ist durch den Einsatz von wenig Hefe sehr bekömmlich. Je länger der Teig reift, desto aromatischer wird er. Generell kann der Teig sogar bis zu 120 Stunden im Kühlschrank lagern.

Pinsa hat einen etwas dickeren Boden und eine schöne dunkle, knusprige Kruste mit rustikalem Geschmack.

*Lievito Madre = milder Weizen-Sauerteig

5. Danach Teig nochmals in der Küchenmaschine gut durchkneten, wieder zurück in die Schüssel geben, abdecken und mindestens 48 Stunden, besser sogar 72 Stunden im Kühlschrank ruhen lassen.
6. Pinsateig aus dem Kühlschrank nehmen und in 3–4 Portionen teilen. Diese jeweils dehnen und falten, dann zu Kugeln formen bzw. rund schleifen (siehe S. 10).
7. Eine Pizzabox oder einen Behälter mit Olivenöl auspinseln oder mit Mehl bestreuen und die Teigkugeln mit Abstand zueinander hineinsetzen. Mit einem Deckel oder Frischhaltefolie bedecken und Teiglinge mindestens 3 Stunden bei Zimmertemperatur ruhen lassen.
8. Den Backofen auf 250 °C Ober-/Unterhitze (oder 230 °C Umluft) vorheizen.
9. Teigkugeln auf der bemehlten Arbeitsfläche jeweils zu ovalen Fladen formen (siehe S. 10, aber nicht in runde Form bringen, sondern oval), nach Wunsch belegen und im Ofen 15–20 Minuten knusprig backen.

Backzeiten (produktabhängig):
- Im vorgeheizten Pizzaofen (350–400 °C) benötigt die Pizza nur 3–5 Minuten.
- Auf dem im Backofen bei auf 250 °C Ober-/Unterhitze aufgeheizten Pizzastein ist die Pizza in 10–15 Minuten fertig gebacken.

Glutenfreier Pizzateig

FÜR 2 RUNDE PIZZEN ODER 1 BLECH

ZUTATEN:

240–270 ml lauwarmes Wasser
21 g Frischhefe oder 7 g Trockenhefe
150 g Kartoffelmehl
120 g Reismehl
1 EL Flohsamenschalen
1 Prise Zucker (optional)
2 EL Olivenöl
1 TL (feines Meer-)Salz

Mehl/Mehl-Hartweizengrieß-Mischung zum Bestreuen der Arbeitsfläche

1. 100 ml Wasser in eine Schüssel geben, die Hefe hineinbröseln oder -streuen und durch Rühren auflösen.
2. Mehle, Flohsamenschalen und Zucker in der Schüssel der Küchenmaschine vermischen. Hefewasser und 140 ml lauwarmes Wasser hinzufügen und verrühren.
3. Olivenöl und Salz zugeben und alles zu einem glatten Teig verarbeiten, dabei evtl. noch etwas Wasser zugießen, falls der Teig zu trocken ist. Teig zu einer Kugel formen, in eine große Schüssel geben, mit Frischhaltefolie oder einem feuchten Küchentuch abdecken und ca. 1 Stunde an einem warmen Ort gehen lassen.
4. Den Backofen auf 250 °C Ober-/Unterhitze (oder 230 °C Umluft) vorheizen.
5. Teig in 2 Portionen teilen und jeweils auf der bemehlten Arbeitsfläche mit den Händen oder einem Teigroller zu einem runden Pizzaboden ausrollen. Oder den ganzen Teig auf einem mit Backpapier belegten Backblech ausrollen. Pizza nach Belieben belegen und im Ofen 15–20 Minuten knusprig backen.

Backzeiten (produktabhängig):

- Im vorgeheizten Pizzaofen (350–400 °C) benötigt die Pizza nur 3–5 Minuten.
- Auf dem im Backofen bei auf 250 °C Ober-/Unterhitze aufgeheizten Pizzastein ist die Pizza in 10–15 Minuten fertig gebacken.

Quark-Öl-Pizzateig

FÜR 2–3 RUNDE PIZZEN ODER 1 BLECH (MIT ETWAS DICKEREM BODEN)

ZUTATEN:

250 g Magerquark
1 Ei
6 EL Olivenöl oder neutrales Öl wie z. B. Sonnenblumenöl
6–8 EL Milch
400 g Weizenmehl Type 405 oder Dinkelmehl Type 630
1 Päckchen (Weinstein-) Backpulver
1 ½ TL (feines Meer-)Salz

Mehl/Mehl- Hartweizengrieß-Mischung zum Bestreuen der Arbeitsfläche

1. Magerquark, Ei, Öl und 6 EL Milch in der Schüssel der Küchenmaschine verrühren.
2. Trockene Zutaten in einer Schüssel vermischen, dann in die Schüssel der Küchenmaschine geben. Teig gut verkneten. Evtl. noch etwas Milch hinzufügen, wenn der Teig zu trocken ist.
3. Den Backofen auf 250 °C Ober-/Unterhitze (oder 230 °C Umluft) vorheizen.
4. Teig in 2–3 Portionen teilen und jeweils auf der bemehlten Arbeitsfläche mit einem Teigroller zu einem runden Pizzaboden ausrollen. Oder den ganzen Teig auf einem mit Backpapier belegten Backblech ausrollen. Pizza nach Belieben belegen und im Ofen 15–20 Minuten knusprig backen.

Backzeiten (produktabhängig):

- Im vorgeheizten Pizzaofen (350–400 °C) benötigt die Pizza nur 3–5 Minuten.
- Auf dem im Backofen bei auf 250 °C Ober-/Unterhitze aufgeheizten Pizzastein ist die Pizza in 10–15 Minuten fertig gebacken.

Tipp:

Der Teig kann sofort ohne Ruhezeit verarbeitet werden. Das Ei kannst du auch weglassen, dafür noch 2 EL Öl hinzufügen und evtl. die Milchmenge etwas erhöhen.

Schnelle Tomatensoße (ohne Kochen, mit passierten Tomaten)

FÜR 4–6 PORTIONEN

ZUTATEN:

- ½ kleine Zwiebel
- 1 Knoblauchzehe (optional)
- 400 g passierte Tomaten aus der Dose, z. B. San Marzano*
- 4 EL Tomatenmark
- 1 ½ TL getrockneter Oregano
- 1 TL getrocknete italienische Kräuter
- 1 EL Olivenöl
- (feines Meer-)Salz
- Pfeffer

1. Zwiebel und Knoblauch abziehen und fein hacken.
2. Alle Zutaten in ein hohes Gefäß geben und mit dem Stabmixer pürieren. Mit Salz und Pfeffer abschmecken.

Tipp:

Die passierten Tomaten können auch durch geschälte oder gehackte Dosentomaten ersetzt werden.

Anstatt der getrockneten Kräuter: 1 kleine Handvoll frische Kräuter nach Belieben (z. B. Oregano, Basilikum, Majoran, Thymian etc.) waschen, trocken schütteln und fein hacken.

*San-Marzano-Tomaten sind besonders aromatische italienische Flaschentomaten.

Tomatensoße (gekocht mit geschälten/ gehackten Tomaten)

FÜR 4–6 PORTIONEN

ZUTATEN:

½ kleine Zwiebel
1 Knoblauchzehe (optional)
1 EL Olivenöl
400 g geschälte/gehackte Tomaten aus der Dose, z. B. San Marzano*
2 TL getrockneter Oregano
½ TL getrocknete italienische Kräuter
(feines Meer-)Salz
Pfeffer

1. Zwiebel und Knoblauch abziehen und fein hacken.
2. Öl in einem Topf erhitzen und Zwiebel und Knoblauch darin 1 Minute andünsten.
3. Restliche Zutaten hinzufügen, ca. 5–7 Minuten köcheln lassen und mit Salz und Pfeffer abschmecken. Nach Belieben mit dem Stabmixer noch etwas feiner pürieren oder aber stückig belassen.

Tipp:

Diese Soße kann man auch mit frischen Tomaten zubereiten. Dazu Tomaten mit einem Messer einritzen, mit kochendem Wasser übergießen und dann mit kaltem Wasser abschrecken. Die Haut abziehen und das Fruchtfleisch in Stücke schneiden. Die Kochzeit der Tomatensoße verlängert sich bei frischen Tomaten um mindestens 10 Minuten.

Klassiker

Pizza Margherita

TOMATENSOSSE, MOZZARELLA, BASILIKUM

FÜR 1 RUNDE PIZZA MIT Ø 27–30 CM

ZUTATEN:

Pizzateig:

1 Portion (ca. 220–250 g) Neapolitanischer Pizzateig (siehe S. 16) oder Teig nach Belieben

Belag:

80 g gehackte/geschälte Tomaten aus der Dose, z. B. San Marzano

(feines Meer-)Salz

5–6 Basilikumblätter

125 g Mozzarella, in Scheiben oder Streifen geschnitten, gut abgetropft

1 ½ TL Olivenöl

1. Pizzaofen oder Backofen vorheizen (siehe unten).
2. Tomaten in einer Schüssel mit 1 Prise Salz vermischen und evtl. mit einer Gabel noch etwas zerdrücken oder nach Belieben mit dem Stabmixer pürieren.
3. Basilikumblätter waschen und trocken tupfen.
4. Pizzateig formen und zum Backen vorbereiten (siehe S. 10).
5. Tomatensoße auf den Pizzaboden streichen, dabei den Rand aussparen.
6. ¾ der Mozzarellastücke auf der Soße verteilen.
7. Die Basilikumblätter auflegen und den restlichen Mozzarella darüberstreuen (die Blätter dabei etwas damit bedecken).
8. Dann den Belag mit Olivenöl beträufeln und mit 1 Prise Salz bestreuen.
9. Pizza in den Pizza- oder Backofen schieben und knusprig backen.

Backzeiten (produktabhängig):

- Im vorgeheizten Pizzaofen (350–400 °C): 4–6 Minuten.
- Auf dem im Backofen bei 250 °C Ober-/Unterhitze vorgeheizten Pizzastein: 8–12 Minuten.
- Auf dem Backblech im auf 250 °C Ober-/Unterhitze oder 230 °C Umluft vorgeheizten Backofen: 12–15 Minuten.

Tipp:
Vor dem Servieren mit frischen Basilikumblättern garnieren.

Pizza Prosciutto e Funghi

TOMATENSOSSE, MOZZARELLA, SCHINKEN, CHAMPIGNONS

FÜR 1 RUNDE PIZZA MIT Ø 27–30 CM

ZUTATEN:

Pizzateig:

1 Portion (ca. 220–250 g) Neapolitanischer Pizzateig (siehe S. 16) oder Teig nach Belieben

Belag:

1 Portion Tomatensoße (siehe S. 23)

2–3 mittelgroße frische Champignons

125 g Mozzarella, in Scheiben oder Streifen geschnitten, gut abgetropft

2 Scheiben gekochter Schinken, z. B. Prosciutto cotto (ca. 100 g)

1. Pizzaofen oder Backofen vorheizen (siehe unten).
2. Pizzateig formen und zum Backen vorbereiten (siehe S. 10).
3. Tomatensoße auf den Pizzaboden streichen, dabei den Rand aussparen.
4. Champignons putzen und in Scheiben schneiden.
5. ¾ der Mozzarellastücke auf der Tomatensoße verteilen.
6. Schinken in Stücke schneiden oder kleiner rupfen. Pizza erst mit Schinken, dann mit Champignonscheiben belegen und mit dem restlichen Mozzarella bestreuen.
7. Pizza in den vorgeheizten Pizza- oder Backofen schieben und knusprig backen.

Backzeiten (produktabhängig):

- Im vorgeheizten Pizzaofen (350–400 °C): 4–6 Minuten.
- Auf dem im Backofen bei 250 °C Ober-/Unterhitze vorgeheizten Pizzastein: 8–12 Minuten.
- Auf dem Backblech im auf 250 °C Ober-/Unterhitze oder 230 °C Umluft vorgeheizten Backofen: 12–15 Minuten.

Tipp:

Gut schmeckt auch: 1 Stück rote Paprikaschote in Streifen schneiden, auf der Pizza verteilen und mitbacken.

Pizza Capricciosa

TOMATENSOSSE, MOZZARELLA, SCHINKEN, CHAMPIGNONS, ARTISCHOCKEN, OLIVEN

FÜR 1 RUNDE PIZZA MIT Ø 27–30 CM

ZUTATEN:

Pizzateig:

1 Portion (ca. 220–250 g) Pizzateig mit Hartweizengrieß (siehe S. 20) oder Teig nach Belieben

Belag:

1 Portion Tomatensoße (siehe S. 23)

2 mittelgroße frische Champignons

100 g Mozzarella, in Scheiben oder Streifen geschnitten, gut abgetropft

1 ½ Scheiben gekochter Schinken, z. B. Prosciutto cotto (ca. 70 g)

40 g Artischockenherzen in Öl

6 schwarze Oliven, ohne Stein

1. Pizzaofen oder Backofen vorheizen (siehe unten).
2. Pizzateig formen und zum Backen vorbereiten (siehe S. 10).
3. Tomatensoße auf den Pizzaboden streichen, dabei den Rand aussparen.
4. Champignons putzen und in Scheiben schneiden.
5. ¾ der Mozzarellastücke auf der Tomatensoße verteilen.
6. Schinken in Stücke schneiden oder kleiner rupfen. Pizza erst mit Schinken, dann mit Champignonscheiben belegen.
7. Artischocken abtropfen lassen, in kleinere Stücke schneiden und zusammen mit den Oliven auf die Pizza geben. Restlichen Mozzarella darüber verteilen.
8. Pizza in den vorgeheizten Pizza- oder Backofen schieben und knusprig backen.

Backzeiten (produktabhängig):

- Im vorgeheizten Pizzaofen (350–400 °C): 4–6 Minuten.
- Auf dem im Backofen bei 250 °C Ober-/Unterhitze vorgeheizten Pizzastein: 8–12 Minuten.
- Auf dem Backblech im auf 250 °C Ober-/Unterhitze oder 230 °C Umluft vorgeheizten Backofen: 12–15 Minuten.

Tipp:

½ Tomate in Scheiben oder kleinere Stücke schneiden und zusätzlich als Belag auf die Pizza geben und mitbacken. Vor dem Servieren mit frischem Basilikum garnieren.

Pizza Calzone

TOMATENSOSSE , MOZZARELLA, SCHINKEN, SALAMI, CHAMPIGNONS

FÜR 1 GEFALTETE PIZZA

ZUTATEN:

Pizzateig:

1 Portion (ca. 220–250 g) Pizzateig Grundrezept (siehe S. 10) oder Teig nach Belieben

Belag:

1 Portion Tomatensoße (siehe S. 23)
1 frischer Champignon
1 Scheibe gekochter Schinken, z. B. Prosciutto cotto (ca. 50 g)
3–4 Scheiben Salami (15–20 g)
60 g Mozzarella, in Scheiben oder Streifen geschnitten, gut abgetropft

1. Pizzaofen oder Backofen vorheizen (siehe unten).
2. Pizzateig formen und zum Backen vorbereiten (siehe S. 10).
3. Die Hälfte des Pizzabodens mit Tomatensoße bestreichen, dabei ca. 1 cm Rand frei lassen.
4. Champignon putzen und in Scheiben schneiden.
5. Schinken und Salami in Streifen oder Stücke schneiden.
6. Champignons, Schinken und Salami auf der Tomatensoße verteilen. Mozzarella darübergeben.
7. Die Teighälfte ohne Belag über die belegte Hälfte legen (zusammenklappen) und den Rand mit einer Gabel gut festdrücken, damit kein Saft austreten kann. Die Oberfläche der Calzone entweder mit einer Gabel 3–4 Mal einstechen oder 2–3 Mal vorsichtig einschneiden, damit beim Backen die Luft entweichen kann.
8. Pizza in den vorgeheizten Pizza- oder Backofen schieben und knusprig backen.

Backzeiten (produktabhängig):

- Im vorgeheizten Pizzaofen (350–400 °C): 5–8 Minuten.
- Auf dem im Backofen bei 250 °C Ober-/Unterhitze vorgeheizten Pizzastein: 15–20 Minuten.
- Auf dem Backblech im auf 250 °C Ober-/Unterhitze oder 230 °C Umluft vorgeheizten Backofen: 18–23 Minuten.

Tipp:

Für eine glänzende Oberfläche die Calzone vor dem Backen mit Eiglasur bepinseln. Dazu ein Ei in einer kleinen Schüssel verquirlen und den Teig damit bestreichen.

Ebenso kann man die Oberfläche auch mit etwas Tomatensoße bestreichen und mit ein paar Käseraspeln bestreuen.

Pizza Hawaii

TOMATENSOSSE, MOZZARELLA, SCHINKEN, ANANAS

FÜR 1 RUNDE PIZZA MIT Ø 27–30 CM

Pizzateig:

1 Portion (ca. 220–250 g) Pizzateig Grundrezept (siehe S. 14) oder Teig nach Belieben

Tomatensoße:

1 Portion (siehe S. 27)

Belag:

1 ½ Scheiben gekochter Schinken, z. B. Prosciutto cotto (ca. 80 g)

60 g Mozzarella, in Scheiben oder Streifen geschnitten, gut abgetropft

3–4 EL Ananasstücke aus der Dose, gut abgetropft

40 g geriebener Käse, z. B. Gouda oder Emmentaler

1. Pizzaofen oder Backofen vorheizen (siehe unten).
2. Schinken in Stücke schneiden.
3. Pizzateig formen und zum Backen vorbereiten (siehe S. 10).
4. Tomatensoße auf den Pizzaboden auftragen, den Rand aussparen.
5. Mozzarella auf der Tomatensoße verteilen.
6. Mit Schinken und Ananas belegen und mit Gouda bestreuen.
7. Pizza in den Pizza- oder Backofen schieben und knusprig backen.

Backzeiten (produktabhängig):

- Im vorgeheizten Pizzaofen (350–400 °C): ca. 4–6 Minuten.
- Auf dem im Backofen bei 250 °C Ober-/Unterhitze vorgeheizten Pizzastein: 8–12 Minuten.
- Auf dem Backblech im auf 250 °C Ober-/Unterhitze oder 230 °C Umluft vorgeheizten Backofen: 12–15 Minuten.

Pizza Salame

TOMATENSOSSE , MOZZARELLA, SALAMI

FÜR 1 RUNDE PIZZA MIT Ø 27–30 CM

ZUTATEN:

Pizzateig:

1 Portion (ca. 220–250 g) Pizzateig Grundrezept (siehe S. 10) oder Teig nach Belieben

Belag:

1 Portion Tomatensoße (siehe S. 23)

125 g Mozzarella, in Scheiben oder Streifen geschnitten, gut abgetropft

6–8 Scheiben (italienische) Salami (40–50 g)

1. Pizzaofen oder Backofen vorheizen (siehe unten).
2. Pizzateig formen und zum Backen vorbereiten (siehe S. 10).
3. Tomatensoße auf den Pizzaboden streichen, dabei den Rand aussparen.
4. Mozzarella auf der Tomatensoße verteilen.
5. Mit Salamischeiben belegen.
6. Pizza in den vorgeheizten Pizza- oder Backofen schieben und knusprig backen.

Backzeiten (produktabhängig):

- Im vorgeheizten Pizzaofen (350–400 °C): 4–6 Minuten.
- Auf dem im Backofen bei 250 °C Ober-/Unterhitze vorgeheizten Pizzastein: 8–12 Minuten.
- Auf dem Backblech im auf 250 °C Ober-/Unterhitze oder 230 °C Umluft vorgeheizten Backofen: 12–15 Minuten.

Pizza Diavolo

TOMATENSOSSE, MOZZARELLA, SCHARFE SALAMI, SCHARFE PEPERONI

FÜR 1 RUNDE PIZZA MIT Ø 27–30 CM

ZUTATEN:

Pizzateig:

1 Portion (ca. 220–250 g) Pizzateig Grundrezept (siehe S. 10) oder Teig nach Belieben

Belag:

1 Portion Tomatensoße (siehe S. 23)

125 g Mozzarella, in Scheiben oder Streifen geschnitten, gut abgetropft

6 Scheiben scharfe Salami

2 scharfe eingelegte Peperoni

1. Pizzaofen oder Backofen vorheizen (siehe unten).
2. Pizzateig formen und zum Backen vorbereiten (siehe S. 10).
3. Tomatensoße auf den Pizzaboden streichen, dabei den Rand aussparen.
4. ¾ der Mozzarellastücke auf der Tomatensoße verteilen.
5. Salamischeiben auflegen.
6. Peperoni in Stücke schneiden und auf der Pizza verteilen.
7. Restlichen Mozzarella darübergeben.
8. Pizza in den vorgeheizten Pizza- oder Backofen schieben und knusprig backen.

Backzeiten (produktabhängig):

- Im vorgeheizten Pizzaofen (350–400 °C): 4–6 Minuten.
- Auf dem im Backofen bei 250 °C Ober-/Unterhitze vorgeheizten Pizzastein: 8–12 Minuten.
- Auf dem Backblech im auf 250 °C Ober-/Unterhitze oder 230 °C Umluft vorgeheizten Backofen: 12–15 Minuten.

Tipp:

½ Zwiebel in Scheiben hobeln und/oder ½ rote Paprikaschote in Streifen schneiden, als Belag hinzufügen und mitbacken.

Pizza Parma

TOMATENSOSSE, MOZZARELLA, PARMASCHINKEN, RUCOLA
FÜR 1 RUNDE PIZZA MIT Ø 27–30 CM

ZUTATEN:

Pizzateig:

1 Portion (ca. 220–250 g) Neapolitanischer Pizzateig (siehe S. 16) oder Teig nach Belieben

Belag:

1 Portion Tomatensoße (siehe S. 23)
125 g Mozzarella, in Scheiben oder Streifen geschnitten, gut abgetropft
1–2 Handvoll Rucola
80 g Parmaschinken

1. Pizzaofen oder Backofen vorheizen (siehe unten).
2. Pizzateig formen und zum Backen vorbereiten (siehe S. 10).
3. Tomatensoße auf den Pizzaboden streichen, dabei den Rand aussparen.
4. Mozzarella auf der Tomatensoße verteilen.
5. Pizza in den vorgeheizten Pizza- oder Backofen schieben und knusprig backen.
6. Währenddessen Rucola verlesen, waschen und gut abtropfen lassen bzw. trocken schleudern.
7. Pizza aus dem Ofen nehmen. Parmaschinken in kleinere Stücke zupfen oder schneiden und auf der Pizza verteilen.
8. Rucola darüberstreuen.

Backzeiten (produktabhängig):

- Im vorgeheizten Pizzaofen (350–400 °C): 4–6 Minuten.
- Auf dem im Backofen bei 250 °C Ober-/Unterhitze vorgeheizten Pizzastein: 8–12 Minuten.
- Auf dem Backblech im auf 250 °C Ober-/Unterhitze oder 230 °C Umluft vorgeheizten Backofen: 12–15 Minuten.

Tipp:

Vor dem Servieren mit halbierten Kirschtomaten (4–6 Stück) und frisch gehobeltem Parmesan garnieren.

Pizza Speciale

TOMATENSOSSE, MOZZARELLA, SCHINKEN, SALAMI, CHAMPIGNONS, PEPERONI

FÜR 1 RUNDE PIZZA MIT Ø 27–30 CM

ZUTATEN:

Pizzateig:

1 Portion (ca. 220–250 g) Pizzateig mit Hartweizengrieß (siehe S. 16) oder Teig nach Belieben

Belag:

2 frische Champignons
2 eingelegte Peperoni (Schärfe nach Belieben)
1 Portion Tomatensoße (siehe S. 23)
125 g Mozzarella, in Scheiben oder Streifen geschnitten, gut abgetropft
1–2 Scheiben gekochter Schinken (ca. 50 g)
5–6 Scheiben Salami (ca. 25–30 g)

1. Pizzaofen oder Backofen vorheizen (siehe unten).
2. Champignons putzen und in Scheiben schneiden.
3. Peperoni evtl. in Stücke schneiden.
4. Pizzateig formen und zum Backen vorbereiten (siehe S. 10).
5. Tomatensoße auf den Pizzaboden streichen, dabei den Rand aussparen.
6. ¾ der Mozzarellastücke auf der Tomatensoße verteilen.
7. Schinken in Stücke schneiden. Pizza mit Schinken, Salami, Champignons und Peperoni belegen und mit restlichem Mozzarella bestreuen.
8. Pizza in den vorgeheizten Pizza- oder Backofen schieben und knusprig backen.

Backzeiten (produktabhängig):

- Im vorgeheizten Pizzaofen (350–400 °C): 4–6 Minuten.
- Auf dem im Backofen bei 250 °C Ober-/Unterhitze vorgeheizten Pizzastein: 8–12 Minuten.
- Auf dem Backblech im auf 250 °C Ober-/Unterhitze oder 230 °C Umluft vorgeheizten Backofen: 12–15 Minuten.

Tipp:

1 Stück rote Paprikaschote in Streifen schneiden und zusätzlich als Belag auf der Pizza verteilen.

Fisch und Meeresfrüchte

Pizza Romana

TOMATENSOSSE , MOZZARELLA, SARDELLEN
FÜR 1 RUNDE PIZZA MIT Ø 27–30 CM

ZUTATEN:

Pizzateig:

1 Portion (ca. 220–250 g) Pizzateig Grundrezept (siehe S. 10) oder Teig nach Belieben

Belag:

1 Portion Tomatensoße (siehe S. 23)

100 g Mozzarella, in Scheiben oder Streifen geschnitten, gut abgetropft

8–10 Sardellenfilets

1 EL Olivenöl

½ TL getrockneter Oregano oder 1 TL frisch gehackter Oregano

1. Pizzaofen oder Backofen vorheizen (siehe unten).
2. Pizzateig formen und zum Backen vorbereiten (siehe S. 10).
3. Tomatensoße auf den Pizzaboden streichen, dabei den Rand aussparen.
4. Mozzarella auf der Tomatensoße verteilen.
5. Pizza mit Sardellenfilets belegen.
6. Öl in einer Tasse mit dem Oregano mischen und auf die Pizza träufeln.
7. Pizza in den Pizza- oder Backofen schieben und knusprig backen.

Tipp:

Vor dem Servieren mit frischen Basilikumblättern garnieren.

Nach Belieben vor dem Backen noch 4–6 schwarze, entsteinte Oliven auf die Pizza legen.

Backzeiten (produktabhängig):

- Im vorgeheizten Pizzaofen (350–400 °C): 4–6 Minuten.
- Auf dem im Backofen bei 250 °C Ober-/Unterhitze vorgeheizten Pizzastein: 8–12 Minuten.
- Auf dem Backblech im auf 250 °C Ober-/Unterhitze oder 230 °C Umluft vorgeheizten Backofen: 12–15 Minuten.

Pizza Salmone

TOMATENSOSSE, MASCARPONE, RÄUCHERLACHS, RUCOLA, PARMESAN
FÜR 1 RUNDE PIZZA MIT Ø 27–30 CM

ZUTATEN:

Pizzateig:

1 Portion (ca. 220–250 g) Pizzateig Grundrezept (siehe S. 10) oder Teig nach Belieben

Belag:

1 Portion Tomatensoße (siehe S. 23)
20 g Parmesan
80 g Mascarpone
1 EL Zitronensaft
½ TL getrockneter Dill oder 1 TL frisch gehackter Dill
(feines Meer-)Salz
Pfeffer
1 Handvoll Rucola
70 g Räucherlachs

1. Pizzaofen oder Backofen vorheizen (siehe unten).
2. Pizzateig formen und zum Backen vorbereiten (siehe S. 10).
3. Tomatensoße sehr dünn auf den Pizzaboden streichen, dabei den Rand aussparen.
4. Parmesan reiben.
5. Mascarpone, Parmesan, Zitronensaft und Dill in einer Schüssel vermischen und mit Salz und Pfeffer abschmecken.
6. Mit einem Löffel Mascarponecreme klecksweise auf der Tomatensoße verteilen und mit einem kleinen Messer verstreichen.
7. Pizza in den vorgeheizten Pizza- oder Backofen schieben und knusprig backen.
8. Währenddessen Rucola verlesen, waschen und gut abtropfen lassen bzw. trocken schleudern.
9. Pizza aus dem Ofen nehmen, Räucherlachs in kleinere Stücke zupfen oder schneiden und auf der Pizza verteilen.
10. Rucola darüberstreuen.

Backzeiten (produktabhängig):

- Im vorgeheizten Pizzaofen (350–400 °C): 4–6 Minuten.
- Auf dem im Backofen bei 250 °C Ober-/Unterhitze vorgeheizten Pizzastein: 8–12 Minuten.
- Auf dem Backblech im auf 250 °C Ober-/Unterhitze oder 230 °C Umluft vorgeheizten Backofen: 12–15 Minuten.

Tipp:

Eine leckere tomatenfreie Variante mit frischem Lachs: Pizzaboden nur mit der Mascarpone-Parmesan-Creme bestreichen, 70 g frischen Lachs in Scheiben oder Würfel schneiden und darauf verteilen, mit ca. 40 g geraspeltem Mozzarella bestreuen. Pizza backen und dann mit Rucola belegen.

Pizza Gamberetti

TOMATENSOSSE, MOZZARELLA, GARNELEN

FÜR 1 RUNDE PIZZA MIT Ø 27–30 CM

ZUTATEN:

Pizzateig:

1 Portion (ca. 220–250 g) Neapolitanischer Pizzateig (siehe S. 12) oder Teig nach Belieben

Belag:

100 g Garnelen, küchenfertig
1 EL Öl, z. B. Olivenöl
(feines Meer-)Salz
Pfeffer
1 Portion Tomatensoße (siehe S. 23)
125 g Mozzarella, in Scheiben oder Streifen geschnitten, gut abgetropft

1. Garnelen in einer Schüssel mit Öl, Salz und Pfeffer vermengen und bis zur Weiterverarbeitung marinieren.
2. Pizzaofen oder Backofen vorheizen (siehe unten).
3. Pizzateig formen und zum Backen vorbereiten (siehe S. 10).
4. Tomatensoße auf den Pizzaboden streichen, dabei den Rand aussparen.
5. ¾ der Mozzarellastücke auf der Tomatensoße verteilen.
6. Marinierte Garnelen darauflegen und mit restlichem Mozzarella bestreuen.
7. Pizza in den vorgeheizten Pizza- oder Backofen schieben und knusprig backen.

Backzeiten (produktabhängig):

- Im vorgeheizten Pizzaofen (350–400 °C): 4–6 Minuten.
- Auf dem im Backofen bei 250 °C Ober-/Unterhitze vorgeheizten Pizzastein: 8–12 Minuten.
- Auf dem Backblech im auf 250 °C Ober-/Unterhitze oder 230 °C Umluft vorgeheizten Backofen: 12–15 Minuten.

Tipp:

Weitere Belagvarianten: zusätzlich ca. 40 g Blattspinat waschen, verlesen und in kleine Stücke schneiden. 4 Kirschtomaten waschen, in Scheiben schneiden und mit dem Spinat als Belag auf der Pizza mitbacken.

Pizza Quattro Stagioni

TOMATENSOSSE , MOZZARELLA, SCHINKEN, CHAMPIGNONS, ARTISCHOCKEN, OLIVEN, SARDELLEN

FÜR 1 RUNDE PIZZA MIT Ø 27–30 CM

ZUTATEN:

Pizzateig:

1 Portion (ca. 220–250 g) Neapolitanischer Pizzateig (siehe S. 12) oder Teig nach Belieben

Belag:

1 Portion Tomatensoße (siehe S. 23)

100 g Mozzarella, in Scheiben oder Streifen geschnitten, gut abgetropft

1–2 frische Champignons

1 Scheibe gekochter Schinken, z. B. Prosciutto (ca. 50 g)

2–3 Artischockenherzen in Öl (ca. 20–30 g)

3 Sardellenfilets

3 schwarze Oliven, ohne Stein

1. Pizzaofen oder Backofen vorheizen (siehe unten).
2. Pizzateig formen und zum Backen vorbereiten (siehe S. 10).
3. Tomatensoße auf den Pizzaboden streichen, dabei den Rand aussparen.
4. Mozzarella auf der Tomatensoße verteilen.
5. Champignons putzen und in Scheiben schneiden, ein Viertel der Pizza damit belegen.
6. Schinken in Stücke schneiden oder kleiner rupfen, auf einem weiteren Viertel verteilen.
7. Artischocken abtropfen lassen, halbieren oder vierteln und auf ein Viertel geben.
8. Das restliche Viertel mit Sardellenfilets und Oliven belegen.
9. Pizza in den vorgeheizten Pizza- oder Backofen schieben und knusprig backen.

Backzeiten (produktabhängig):

- Im vorgeheizten Pizzaofen (350–400 °C): 4–6 Minuten.
- Auf dem im Backofen bei 250 °C Ober-/Unterhitze vorgeheizten Pizzastein: 8–12 Minuten.
- Auf dem Backblech im auf 250 °C Ober-/Unterhitze oder 230 °C Umluft vorgeheizten Backofen: 12–15 Minuten.

Tipp:

Pizza Vier Jahreszeiten kann man beliebig variieren, indem man immer ein Viertel anders belegt, zum Beispiel mit Peperoni, Salsicciastücken, Salamischeiben, Thunfisch, Spinat, Kapern usw..

Pizza Napoli

TOMATENSOSSE, MOZZARELLA, SARDELLEN, KAPERN, OLIVEN, BASILIKUM
FÜR 1 RUNDE PIZZA MIT Ø 27–30 CM

ZUTATEN:

Pizzateig:

1 Portion (ca. 220–250 g) Neapolitanischer Pizzateig (siehe S. 12) oder Teig nach Belieben

Belag:

80 g gehackte/geschälte Tomaten aus der Dose (z. B. San Marzano)
(feines Meer-)Salz
125 g Mozzarella, in Scheiben oder Streifen geschnitten, gut abgetropft
4–6 Sardellenfilets
1–2 TL Kapern
5 schwarze Oliven, ohne Stein
1 TL Olivenöl (optional)
5–6 Basilikumblätter

1. Pizzaofen oder Backofen vorheizen (siehe unten).
2. Tomaten in einer Schüssel mit 1 Prise Salz vermischen und evtl. mit einer Gabel noch etwas zerdrücken oder nach Belieben mit dem Stabmixer pürieren.
3. Pizzateig formen und zum Backen vorbereiten (siehe S. 10).
4. Tomatensoße auf den Pizzaboden streichen, dabei den Rand aussparen.
5. ¾ der Mozzarellastücke auf der Tomatensoße verteilen.
6. Sardellenfilets und Kapern darübergeben.
7. Restlichen Mozzarella und die Oliven darauflegen.
8. Olivenöl nach Belieben darüberträufeln und mit 1 Prise Salz bestreuen.
9. Pizza in den vorgeheizten Pizza- oder Backofen schieben und knusprig backen.
10. Währenddessen Basilikumblätter waschen und trocken schütteln.
11. Pizza aus dem Ofen nehmen und mit Basilikumblättern garnieren.

Backzeiten (produktabhängig):

- Im vorgeheizten Pizzaofen (350–400 °C): 4–6 Minuten.
- Auf dem im Backofen bei 250 °C Ober-/Unterhitze vorgeheizten Pizzastein: 8–12 Minuten.
- Auf dem Backblech im auf 250 °C Ober-/Unterhitze oder 230 °C Umluft vorgeheizten Backofen: 12–15 Minuten.

Pizza Calabrese

TOMATENSOSSE, THUNFISCH, SARDELLEN, ZWIEBEL, OLIVEN, KAPERN, PARMESAN

FÜR 1 RUNDE PIZZA MIT Ø 27–30 CM

ZUTATEN:

Pizzateig:

1 Portion (ca. 220–250 g) Neapolitanischer Pizzateig (siehe S. 12) oder Teig nach Belieben

Belag:

2 Knoblauchzehen
1 kleine Zwiebel
4 Sardellenfilets
1 Portion Tomatensoße (siehe S. 23)
½ Dose Thunfisch (ca. 75 g)
4–6 schwarze Oliven, ohne Stein
1 TL eingelegte Kapern
20 g geriebener Parmesan

1. Knoblauchzehen und Zwiebel abziehen, Knoblauch fein hacken, Zwiebel in feine Scheiben schneiden oder hobeln.
2. Sardellenfilets dritteln.
3. Pizzaofen oder Backofen vorheizen (siehe unten).
4. Pizzateig formen und zum Backen vorbereiten (siehe S. 10).
5. Tomatensoße auf den Pizzaboden streichen, dabei den Rand aussparen.
6. Knoblauch auf der Tomatensoße verteilen.
7. Thunfisch abtropfen lassen, mit der Gabel zerkleinern und Pizza damit belegen.
8. Dann Sardellenfilets, Zwiebel, Oliven und Kapern darauf verteilen und mit Parmesan bestreuen.
9. Pizza in den vorgeheizten Pizza- oder Backofen schieben und knusprig backen.

Backzeiten (produktabhängig):

- Im vorgeheizten Pizzaofen (350–400 °C): 4–6 Minuten.
- Auf dem im Backofen bei 250 °C Ober-/Unterhitze vorgeheizten Pizzastein: 8–12 Minuten.
- Auf dem Backblech im auf 250 °C Ober-/Unterhitze oder 230 °C Umluft vorgeheizten Backofen: 12–15 Minuten.

Tipp:

Anstatt Parmesan eignet sich auch Mozzarella.

Pizza Tonno e Cipolla

TOMATENSOSSE, MOZZARELLA, THUNFISCH, ZWIEBEL

FÜR 1 RUNDE PIZZA MIT Ø 27–30 CM

ZUTATEN:

Pizzateig:

1 Portion (ca. 220–250 g) Pizzateig mit Sauerteig (siehe S. 14) oder Teig nach Belieben

Belag:

1 kleine (rote) Zwiebel

1 Portion Tomatensoße (siehe S. 23)

125 g Mozzarella, in Scheiben oder Streifen geschnitten, gut abgetropft

½ Dose Thunfisch (ca. 75 g)

1. Pizzaofen oder Backofen vorheizen (siehe unten).
2. Zwiebel abziehen und in feine Scheiben schneiden oder hobeln.
3. Pizzateig formen und zum Backen vorbereiten (siehe S. 10).
4. Tomatensoße auf den Pizzaboden streichen, dabei den Rand aussparen.
5. ¾ der Mozzarellastücke auf der Tomatensoße verteilen.
6. Thunfisch abtropfen lassen, mit der Gabel zerkleinern und Pizza damit belegen.
7. Zwiebel und restlichen Mozzarella darauf verteilen.
8. Pizza in den vorgeheizten Pizza- oder Backofen schieben und knusprig backen.

Backzeiten (produktabhängig):

- Im vorgeheizten Pizzaofen (350–400 °C): 4–6 Minuten.
- Auf dem im Backofen bei 250 °C Ober-/Unterhitze vorgeheizten Pizzastein: 8–12 Minuten.
- Auf dem Backblech im auf 250 °C Ober-/Unterhitze oder 230 °C Umluft vorgeheizten Backofen: 12–15 Minuten.

Tipp:

Belagvariante: zusätzlich 4–5 aufgeschnittene Kirschtomaten mitbacken.

Pizza Frutti di Mare

TOMATENSOSSE, MOZZARELLA, MEERESFRÜCHTE

FÜR 1 RUNDE PIZZA MIT Ø 27–30 CM

ZUTATEN:

Pizzateig:

1 Portion (ca. 220–250 g) Neapolitanischer Pizzateig (siehe S. 12) oder Teig nach Belieben

Belag:

120 g TK-Frutti di Mare (Meeresfrüchte), vorgekocht, glasiert
1–2 Knoblauchzehen
1 EL Olivenöl
(feines Meer-)Salz
Pfeffer
1 Portion Tomatensoße (siehe S. 23)
125 g Mozzarella, in Scheiben oder Streifen geschnitten, gut abgetropft

1. Frutti di Mare in einem Sieb auftauen lassen. Mit kaltem Wasser abbrausen und auf einem Küchentuch gut abtropfen lassen.
2. Knoblauch schälen, in eine Schüssel pressen und mit dem Olivenöl vermischen. Aufgetaute Frutti di Mare mit dem Knoblauchöl vermengen, mit Salz und Pfeffer würzen und bis zur Weiterverarbeitung marinieren.
3. Pizzaofen oder Backofen vorheizen (siehe unten).
4. Pizzateig formen und zum Backen vorbereiten (siehe S. 10).
5. Tomatensoße auf den Pizzaboden streichen, dabei den Rand aussparen.
6. ¾ der Mozzarellastücke auf der Tomatensoße verteilen.
7. Marinierte Frutti di Mare auf die Pizza geben und mit dem restlichen Mozzarella bestreuen.
8. Pizza in den vorgeheizten Pizza- oder Backofen schieben und knusprig backen.

Backzeiten (produktabhängig):

- Im vorgeheizten Pizzaofen (350–400 °C): 4–6 Minuten.
- Auf dem im Backofen bei 250 °C Ober-/Unterhitze vorgeheizten Pizzastein: 8–12 Minuten.
- Auf dem Backblech im auf 250 °C Ober-/Unterhitze oder 230 °C Umluft vorgeheizten Backofen: 12–15 Minuten.

Tipp:

Man kann sich auch eine eigene Frutti-di-Mare-Mischung nach Belieben zusammenstellen aus: Sardellen, Tintenfischringen, Muscheln wie zum Beispiel Miesmuscheln und Jakobsmuscheln, Garnelen und Shrimps. Auch lecker: eine Mischung aus Seelachsfiletstücken und Shrimps. Pizza nach dem Backen mit frisch gehackten Kräutern wie Oregano oder Basilikum garnieren.

Vegetarisch

Pizza Verde

MOZZARELLA, BROKKOLI, SPINAT

FÜR 1 RUNDE PIZZA MIT Ø 27–30 CM

Pizzateig:

1 Portion (ca. 220–250 g) Pizzateig Grundrezept (siehe S. 14) oder Teig nach Belieben

Belag:

4–5 Brokkoliröschen
30 g Blattspinat
2 TL Olivenöl
1 Knoblauchzehe
(feines Meer-)Salz, Pfeffer
½ TL getrockneter Oregano oder 1 TL frisch gehackter Oregano
125 g Mozzarella, z. B. in Scheiben oder Streifen geschnitten, gut abgetropft

1. Pizzaofen oder Backofen vorheizen (siehe unten).
2. Brokkoliröschen putzen. In einem Topf Salzwasser zum kochen bringen. Brokkoli dazugeben und ca. 2–3 Minuten kochen. Danach mit kaltem Wasser abschrecken und gut abtropfen lassen. In kleinere Stücke teilen oder schneiden.
3. Spinat verlesen, waschen und gut abtropfen lassen oder trocken schleudern.
4. 1 TL Öl in einer Pfanne erhitzen. Den Blattspinat hinzufügen und dünsten, bis er zusammenfällt.
5. Knoblauch hinzupressen, salzen, pfeffern und alles gut vermischen.
6. Pizzateig formen und zum Backen vorbereiten (siehe S. 10).
7. Pizzaboden mit 1 TL Öl bepinseln und mit Oregano bestreuen, den Rand aussparen.
8. ¾ der Mozzarellastücke darauf verteilen, mit Spinat und Brokkoliröschen belegen. Restlichen Mozzarella darübergeben.
9. Pizza in den Pizza- oder Backofen schieben und knusprig backen.

Backzeiten (produktabhängig):

- Im vorgeheizten Pizzaofen (350–400 °C): ca. 4–6 Minuten.
- Auf dem im Backofen bei 250 °C Ober-/Unterhitze vorgeheizten Pizzastein: 8–12 Minuten.
- Auf dem Backblech im auf 250 °C Ober-/Unterhitze oder 230 °C Umluft vorgeheizten Backofen: 12–15 Minuten.

Tipp:

Vor dem Servieren mit frischen Basilikumblättern dekorieren.

Pizza Primavera

TOMATENSOSSE, MOZZARELLA, PAPRIKASCHOTE, CHAMPIGNONS, KIRSCHTOMATEN, OLIVEN, BASILIKUM

FÜR 1 RUNDE PIZZA MIT Ø 27–30 CM

Pizzateig:

1 Portion (ca. 220–250 g) Pizzateig mit Hartweizengrieß (siehe S. 20) oder Teig nach Belieben

Tomatensoße:

1 Portion (siehe S. 27)

Belag:

2–3 frische Champignons

½ rote Paprikaschote

4 bunte Kirschtomaten

1 EL Olivenöl

½ TL italienische Kräuter, getrocknet, oder 1 TL frisch gehackte Kräuter wie z. B. Oregano, Rosmarin, Thymian etc.

1 Knoblauchzehe

(feines Meer-)Salz, Pfeffer

ein paar frisch Basilikumblätter

100 g Mozzarella, z. B. in Scheiben oder Streifen geschnitten und gut abgetropft

6–8 schwarze Oliven, entsteint

1. Pizzaofen oder Backofen vorheizen (siehe unten).
2. Champignons putzen und in Scheiben schneiden.
3. Gemüse waschen und abtrocknen. Paprika entkernen und in Streifen oder Stücke schneiden. Kirschtomaten halbieren.
4. Paprika und Champignons in eine Schüssel geben, Olivenöl und Kräuter hinzufügen.
5. Den Knoblauch dazupressen, alles gut vermischen und mit Salz und Pfeffer würzen.
6. Basilikumblätter waschen und mit Küchenpapier trocken tupfen.
7. Pizzateig formen und zum Backen vorbereiten (siehe S. 10).
8. Tomatensoße auf den Pizzaboden auftragen, den Rand aussparen.
9. ¾ der Mozzarellastücke auf der Tomatensoße verteilen.
10. Mit Paprika-Champignon-Mischung, Kirschtomaten und Oliven belegen und mit restlichem Mozzarella bestreuen.
11. Pizza in den Pizza- oder Backofen schieben und knusprig backen.

Backzeiten (produktabhängig):

- Im vorgeheizten Pizzaofen (350–400 °C): ca. 4–6 Minuten.
- Auf dem im Backofen bei 250 °C Ober-/Unterhitze vorgeheizten Pizzastein: 8–12 Minuten.
- Auf dem Backblech im auf 250 °C Ober-/Unterhitze oder 230 °C Umluft vorgeheizten Backofen: 12–15 Minuten.

Tipp:

Vor dem Servieren mit gehobeltem oder geraspeltem Parmesan bestreuen. Schmeckt auch lecker mit anderem Gemüse wie z. B. Zucchini, Aubergine etc.

Pizza Carciofi

TOMATENSOSSE, MOZZARELLA, ARTISCHOCKEN, TOMATEN

FÜR 1 RUNDE PIZZA MIT Ø 27–30 CM

Pizzateig:

1 Portion (ca. 220–250 g) Pizzateig mit Sauerteig (siehe S. 18) oder Teig nach Belieben

Tomatensoße:

1 Portion (siehe S. 27)

Belag:

1 Tomate

80 g eingelegte Artischocken, gut abgetropft

1 EL Olivenöl

½ TL getrockneter Oregano oder 1 TL frisch gehackter Oregano

125 g Mozzarella, z. B. in Scheiben oder Streifen geschnitten, gut abgetropft

(feines Meer-)Salz

1. Pizzaofen oder Backofen vorheizen (siehe unten).
2. Tomate waschen und in Stücke schneiden.
3. Artischocken klein schneiden oder zupfen.
4. Öl mit Oregano mischen.
5. Pizzateig formen und zum Backen vorbereiten (siehe S. 10).
6. Tomatensoße auf den Pizzaboden auftragen, den Rand aussparen.
7. ¾ der Mozzarellastücke auf der Tomatensoße verteilen.
8. Mit Tomaten und Artischocken belegen. Oregano-Öl-Mischung darüberträufeln und mit restlichem Mozzarella bestreuen. Mit 1 Prise Salz verfeinern.
9. Pizza in den Pizza- oder Backofen schieben und knusprig backen.

Backzeiten (produktabhängig):

- Im vorgeheizten Pizzaofen (350–400 °C): ca. 4–6 Minuten.
- Auf dem im Backofen bei 250 °C Ober-/Unterhitze vorgeheizten Pizzastein: 8–12 Minuten.
- Auf dem Backblech im auf 250 °C Ober-/Unterhitze oder 230 °C Umluft vorgeheizten Backofen: 12–15 Minuten.

Tipp:

Vor dem Servieren mit frischem Basilikum oder Oregano dekorieren.

Pizza alle Verdure grigliate

TOMATENSOSSE , MOZZARELLA, GEGRILLTES GEMÜSE

FÜR 1 RUNDE PIZZA MIT Ø 27–30 CM

ZUTATEN:

Pizzateig:

1 Portion (ca. 220–250 g) Pizzateig Grundrezept (siehe S. 10) oderTeig nach Belieben

Belag:

½ rote Paprikaschote
½ kleine Zucchini
¼ Aubergine
1 EL Öl, z. B. Olivenöl
feines (Meer-)Salz
Pfeffer
½ TL getrocknete italienische Kräuter oder 1 TL frisch gehackte Kräuter, z. B. Oregano, Rosmarin, Thymian
1 Portion Tomatensoße (siehe S. 23)
125 g Mozzarella, in Scheiben oder Streifen geschnitten und gut abgetropft

1. Gemüse waschen, putzen und abtrocknen.
2. Paprikaschote in Streifen oder Stücke schneiden.
3. Zucchini und Aubergine in feine Scheiben hobeln oder schneiden (3–4 mm dick).
4. Gemüse in eine Schüssel geben und mit Öl, Gewürzen und Kräutern vermengen. Eine (Grill-)Pfanne erhitzen und das Gemüse darin von allen Seiten kurz scharf anbraten. Pfanne vom Herd nehmen und beiseite stellen.
5. Pizzaofen oder Backofen vorheizen (siehe unten).
6. Pizzateig formen und zum Backen vorbereiten (siehe S. 10).
7. Tomatensoße auf den Pizzaboden streichen, dabei den Rand aussparen.
8. ¾ der Mozzarellastücke auf der Tomatensoße verteilen.
9. Gegrilltes Gemüse daraufgeben und mit dem restlichen Mozzarella bestreuen. Pizza Capricciosa
10. Pizza in den vorgeheizten Pizza- oder Backofen schieben und knusprig backen.

Backzeiten (produktabhängig):

- Im vorgeheizten Pizzaofen (350–400 °C): 4–6 Minuten.
- Auf dem im Backofen bei 250 °C Ober-/Unterhitze vorgeheizten Pizzastein: 8–12 Minuten.
- Auf dem Backblech im auf 250 °C Ober-/Unterhitze oder 230 °C Umluft vorgeheizten Backofen: 12–15 Minuten.

Tipp:

Schmeckt auch lecker mit anderem Gemüse wie Champignons, Tomaten, Brokkoli usw.. Gerne vor dem Servieren mit frischem Rucola oder Basilikumblättern garnieren.

Das mit Öl und Kräutern überzogene Gemüse kannst du auch auf dem Grill oder in einer Heißluftfritteuse rösten.

Pizza Quattro Formaggi

TOMATENSOSSE UND 4 KÄSESORTEN (MOZZARELLA, PROVOLONE, PARMIGIANO REGGIANO, GORGONZOLA)

FÜR 1 RUNDE PIZZA MIT Ø 27–30 CM

ZUTATEN:

Pizzateig:

1 Portion (ca. 220–250 g) Neapolitanischer Pizzateig (siehe S. 12) oder Teig nach Belieben

Belag:

40 g Provolone

20 g Gorgonzola

30 g Parmigiano Reggiano

1 Portion Tomatensoße (siehe S. 23)

50 g Mozzarella, in Scheiben oder Streifen geschnitten, gut abgetropft

1. Pizzaofen oder Backofen vorheizen (siehe unten).
2. Provolone und Gorgonzola in kleine Stücke oder Streifen schneiden.
3. Parmigiano Reggiano reiben.
4. Pizzateig formen und zum Backen vorbereiten (siehe S. 10).
5. Tomatensoße auf den Pizzaboden streichen, dabei den Rand aussparen.
6. Alle Käsesorten gemischt auf dem Pizzaboden verteilen.
7. Pizza in den vorgeheizten Pizza- oder Backofen schieben und knusprig backen.

Backzeiten (produktabhängig):

- Im vorgeheizten Pizzaofen (350–400 °C): 4–6 Minuten.
- Auf dem im Backofen bei 250 °C Ober-/Unterhitze vorgeheizten Pizzastein: 8–12 Minuten.
- Auf dem Backblech im auf 250 °C Ober-/Unterhitze oder 230 °C Umluft vorgeheizten Backofen: 12–15 Minuten.

Tipp:

Du kannst auch andere Käsesorten verwenden wie Pecorino, Emmentaler, Edamer, Taleggio … Insgesamt sollte der Belag aus 120–150 g Käse aus 4 verschiedenen Sorten bestehen.

Pizza Broccoli e Pomodorini

TOMATENSOSSE, MOZZARELLA, BROKKOLI, TOMATEN, PARMESAN
FÜR 1 RUNDE PIZZA MIT Ø 27–30 CM

ZUTATEN:

Pizzateig:

1 Portion (ca. 220–250 g) Neapolitanischer Pizzateig (siehe S. 12) oder Teig nach Belieben

Belag:

4–5 Brokkoliröschen
1 EL Olivenöl
½ TL getrockneter Oregano oder 1 TL frisch gehackter Oregano
(feines Meer-)Salz
Pfeffer
1 Tomate oder 5 Kirschtomaten
1 Portion Tomatensoße (siehe S. 23)
125 g Mozzarella, in Scheiben oder Streifen geschnitten, gut abgetropft
1 EL geriebener Parmesan

1. Brokkoliröschen waschen und 2–3 Minuten in einem Topf mit kochendem Salzwasser blanchieren. Danach in ein Sieb abgießen, mit kaltem Wasser abschrecken und gut abtropfen lassen. In kleinere Stücke teilen oder schneiden und in einer Schüssel mit Öl, Oregano und Salz und Pfeffer vermischen.
2. Tomate waschen und in Scheiben schneiden. Falls Kirschtomaten verwendet werden, diese halbieren.
3. Pizzaofen oder Backofen vorheizen (siehe unten).
4. Pizzateig formen und zum Backen vorbereiten (siehe S. 10).
5. Tomatensoße auf den Pizzaboden streichen, dabei den Rand aussparen.
6. ¾ der Mozzarellastücke auf der Tomatensoße verteilen, mit Tomatenscheiben und Brokkoli belegen.
7. Restlichen Mozzarella darüber verteilen.
8. Pizza in den vorgeheizten Pizza- oder Backofen schieben und knusprig backen.
9. Mit geriebenem Parmesan bestreuen.

Backzeiten (produktabhängig):

- Im vorgeheizten Pizzaofen (350–400 °C): 4–6 Minuten.
- Auf dem im Backofen bei 250 °C Ober-/Unterhitze vorgeheizten Pizzastein : 8–12 Minuten.
- Auf dem Backblech im auf 250 °C Ober-/Unterhitze oder 230 °C Umluft vorgeheizten Backofen: 12–15 Minuten.

Tipp:

Leckere Belagvarianten: 6–8 schwarze entsteinte Oliven hinzufügen oder ½ rote oder gelbe Paprikaschote in Streifen schneiden, auflegen und mitbacken. Anstatt Mozzarella schmeckt auch Schafs- oder Hirtenkäse.

Pizza Caprese

TOMATENSOSSE, MOZZARELLA, KIRSCHTOMATEN, BASILIKUM
FÜR 1 RUNDE PIZZA MIT Ø 27–30 CM

ZUTATEN:

Pizzateig:

1 Portion (ca. 220–250 g) Pinsateig (siehe S. 18) oder Teig nach Belieben

Belag:

5 Kirschtomaten
1 Portion Tomatensoße (siehe S. 23)
125 g Mozzarella, in Scheiben oder Streifen geschnitten, gut abgetropft
1 TL Olivenöl
(feines Meer-)Salz
Pfeffer
6–8 Basilikumblätter

1. Pizzaofen oder Backofen vorheizen (siehe unten).
2. Tomaten waschen, abtrocknen und in Scheiben schneiden.
3. Pizzateig formen und zum Backen vorbereiten (siehe S. 10).
4. Tomatensoße auf den Pizzaboden streichen, dabei den Rand aussparen.
5. Mozzarella auf der Pizza verteilen.
6. Mit Tomaten belegen und Olivenöl darüberträufeln.
7. Nach Belieben mit Salz und Pfeffer würzen.
8. Pizza in den vorgeheizten Pizza- oder Backofen schieben und knusprig backen.
9. Basilikumblätter waschen und trocken schütteln, danach auf der Pizza verteilen.

Backzeiten (produktabhängig):

- Im vorgeheizten Pizzaofen (350–400 °C): 4–6 Minuten.
- Auf dem im Backofen bei 250 °C Ober-/Unterhitze vorgeheizten Pizzastein: 8–12 Minuten.
- Auf dem Backblech im auf 250 °C Ober-/Unterhitze oder 230 °C Umluft vorgeheizten Backofen: 12–15 Minuten.

Pizza Ortalana

TOMATENSOSSE, MOZZARELLA, PAPRIKA, ZUCCHINI, TOMATE, CHAMPIGNONS, PARMESAN

FÜR 1 RUNDE PIZZA MIT Ø 27–30 CM

ZUTATEN:

Pizzateig:

1 Portion (ca. 220–250 g) Pizzateig mit Hartweizengrieß (siehe S. 16) oder Teig nach Belieben

Belag:

½ rote Paprikaschote
1 Stück Zucchini
1 kleine Tomate
2 Champignons
1 ½ TL Öl, z. B. Olivenöl
½ TL getrocknete italienische Kräuter oder 1 TL frisch gehackte Kräuter, z. B. Oregano, Rosmarin, Thymian
(feines Meer-)Salz
Pfeffer
1 Portion Tomatensoße (siehe S. 23)
100 g Mozzarella, in Scheiben oder Streifen geschnitten, gut abgetropft
15 g Parmesan

1. Paprika, Zucchini und Tomate waschen und putzen. Champignons säubern und putzen.
2. Paprika in Streifen oder Stücke schneiden.
3. Zucchini in 6 Scheiben hobeln oder schneiden (3–4 mm dick).
4. Tomaten und Champignons ebenfalls in Scheiben schneiden.
5. Paprika, Zucchini und Champignons in eine Schüssel geben und mit Öl, Kräutern und Gewürzen vermischen.
6. Pizzateig formen und zum Backen vorbereiten (siehe S. 10).
7. Tomatensoße auf den Pizzaboden streichen, dabei den Rand aussparen.
8. ¾ der Mozzarellastücke auf der Tomatensoße verteilen.
9. Den Parmesan grob raspeln.
10. Dann mariniertes Gemüse auf die Pizza geben, mit Tomaten belegen und mit restlichem Mozzarella und Parmesan bestreuen.
11. Pizza in den vorgeheizten Pizza- oder Backofen schieben und knusprig backen.

Backzeiten (produktabhängig):

- Im vorgeheizten Pizzaofen (350–400 °C): 4–6 Minuten.
- Auf dem im Backofen bei 250 °C Ober-/Unterhitze vorgeheizten Pizzastein: 8–12 Minuten.
- Auf dem Backblech im auf 250 °C Ober-/Unterhitze oder 230 °C Umluft vorgeheizten Backofen: 12–15 Minuten.

Tipp:

Die Pizza schmeckt auch lecker mit Zwiebel oder Spinat als Belagkomponenten.

Pizza Spinaci e Gorgonzola

TOMATENSOSSE, MOZZARELLA, BLATTSPINAT, GORGONZOLA
FÜR 1 RUNDE PIZZA MIT Ø 27–30 CM

ZUTATEN:

Pizzateig:

1 Portion (ca. 220–250 g) Neapolitanischer Pizzateig (siehe S. 12) oder Teig nach Belieben

Belag:

80 g frischer Blattspinat
1 Portion Tomatensoße (siehe S. 23)
60 g Mozzarella, in Scheiben oder Streifen geschnitten, gut abgetropft
50 g Gorgonzola
½ TL getrockneter Oregano oder 1 TL frisch gehackter Oregano

1. Spinat verlesen und waschen. Dann in einem Topf mit kochendem Salzwasser ca. 1 Minute zusammenfallen lassen. Danach in ein Sieb abgießen, mit kaltem Wasser abschrecken und gut abtropfen lassen bzw. Flüssigkeit mit der Hand ausdrücken.
2. Pizzaofen oder Backofen vorheizen (siehe unten).
3. Pizzateig formen und zum Backen vorbereiten (siehe S. 10).
4. Tomatensoße auf den Pizzaboden streichen, dabei den Rand aussparen.
5. Mozzarella auf der Tomatensoße verteilen, die Hälfte des Gorgonzolas darüberbröseln.
6. Spinat kleiner schneiden, in einer Schüssel mit Oregano vermischen und auf die Pizza geben. Den restlichen Gorgonzola darüber verteilen.
7. Pizza in den vorgeheizten Pizza- oder Backofen schieben und knusprig backen.

Backzeiten (produktabhängig):

- Im vorgeheizten Pizzaofen (350–400 °C): 4–6 Minuten.
- Auf dem im Backofen bei 250 °C Ober-/Unterhitze vorgeheizten Pizzastein: 8–12 Minuten.
- Auf dem Backblech im auf 250 °C Ober-/Unterhitze oder 230 °C Umluft vorgeheizten Backofen: 12–15 Minuten.

Tipp:

Auch lecker: 1 gehackte Knoblauchzehe auf die Tomatensoße streuen und ½ gehobelte Zwiebel als weiteren Belag mitbacken.
Den Blattspinat kannst du auch ohne Blanchieren auf die Pizza geben. Dazu dann nach dem Waschen gut abtropfen lassen, klein schneiden und mit 1 EL Olivenöl und ½ TL getrocknetem Oregano vermischen.

Pizza vegana

TOMATENSOSSE, PAPRIKA, TOMATE, ZWIEBEL, CHAMPIGNONS, PEPERONI

FÜR 1 RUNDE PIZZA MIT Ø 27–30 CM

ZUTATEN:

Pizzateig:

1 Portion (ca. 220–250 g) Pizzateig mit Hartweizengrieß (siehe S. 16) oder Teig nach Belieben

Belag:

½ rote Paprikaschote

1 kleine Tomate

3 frische Champignons

1 kleine Zwiebel

2 EL Öl, z. B. Olivenöl

1 TL getrocknete italienische Kräuter oder 1 EL frisch gehackte Kräuter, z. B. Oregano, Rosmarin, Thymian

(Kräuter-)Salz

Pfeffer

1 Portion Tomatensoße (siehe S. 23)

2 eingelegte Peperoni (Schärfe nach Belieben)

1. Paprika und Tomate waschen und putzen. Pilze säubern und putzen.
2. Paprika in Streifen, Tomate und Pilze in Scheiben schneiden.
3. Zwiebel abziehen und ebenfalls in Scheiben schneiden oder hobeln.
4. Gemüse, Öl, Kräuter und Gewürze in eine Schüssel geben, gut umrühren und bis zur Weiterverarbeitung durchziehen lassen.
5. Pizzaofen oder Backofen vorheizen (siehe unten).
6. Pizzateig formen und zum Backen vorbereiten (siehe S. 10).
7. Tomatensoße auf den Pizzaboden streichen, dabei den Rand aussparen.
8. Mariniertes Gemüse auf der Tomatensoße verteilen.
9. Peperoni in Stücke schneiden und Pizza damit belegen.
10. Pizza in den vorgeheizten Pizza- oder Backofen schieben und knusprig backen.

Backzeiten (produktabhängig):

- Im vorgeheizten Pizzaofen (350–400 °C): 4–6 Minuten.
- Auf dem im Backofen bei 250 °C Ober-/Unterhitze vorgeheizten Pizzastein: 8–12 Minuten.
- Auf dem Backblech im auf 250 °C Ober-/Unterhitze oder 230 °C Umluft vorgeheizten Backofen: 12–15 Minuten.

Tipp:

Nach dem Backen mit frischen Basilikumblättern oder 1 Handvoll Rucola bestreuen.

Pizza Melanzane

TOMATENSOSSE, MOZZARELLA, AUBERGINE
FÜR 1 RUNDE PIZZA MIT Ø 27–30 CM

ZUTATEN:

Pizzateig:

1 Portion (ca. 220–250 g) Pizzateig mit Sauerteig (siehe S. 14) oder Teig nach Belieben

Belag:

- ½–1 Aubergine
- (feines Meer-)Salz
- 1 ½ EL Öl, z. B. Olivenöl
- 1 Knoblauchzehe
- ½ TL getrocknete italienische Kräuter oder 1 TL frisch gehackte Kräuter, z. B. Oregano, Rosmarin, Thymian
- Pfeffer
- 1 Portion Tomatensoße (siehe S. 23)
- 125 g Mozzarella, in Scheiben oder Streifen geschnitten, gut abgetropft

1. Aubergine waschen und putzen, dann in Scheiben schneiden. Die Scheiben mit Salz bestreuen und ca. 30 Minuten ziehen lassen. Dann die austretende Feuchtigkeit mit einem Küchentuch abtupfen.
2. Olivenöl in eine Schüssel geben. Knoblauch abziehen und hineinpressen. Kräuter hinzufügen und mit Salz und Pfeffer würzen. Die Auberginenscheiben von beiden Seiten mit dem Öl bepinseln und in einer Pfanne auf beiden Seiten anbraten. Pfanne dann vom Herd nehmen und beiseite stellen.
3. Pizzaofen oder Backofen vorheizen (siehe unten).
4. Pizzateig formen und zum Backen vorbereiten (siehe S. 10).
5. Tomatensoße auf den Pizzaboden streichen, dabei den Rand aussparen.
6. ¾ der Mozzarellastücke auf der Tomatensoße verteilen.
7. Mit Auberginenscheiben belegen und mit restlichem Mozzarella bestreuen.
8. Pizza in den vorgeheizten Pizza- oder Backofen schieben und knusprig backen.

Backzeiten (produktabhängig):

- Im vorgeheizten Pizzaofen (350–400 °C): 4–6 Minuten.
- Auf dem im Backofen bei 250 °C Ober-/Unterhitze vorgeheizten Pizzastein: 8–12 Minuten.
- Auf dem Backblech im auf 250 °C Ober-/Unterhitze oder 230 °C Umluft vorgeheizten Backofen: 12–15 Minuten.

Tipp:

Vor dem Servieren mit frisch gehacktem Oregano oder Basilikum bestreuen. Schmeckt auch lecker mit ½ in Streifen geschnittenen Paprikaschote und 4–6 Oliven als Belagergänzung zum Mitbacken.

Pizza Caprina

TOMATENSOSSE, MOZZARELLA, BLATTSPINAT, CHILISCHOTEN, OLIVEN, ZIEGENKÄSE

FÜR 1 RUNDE PIZZA MIT Ø 27–30 CM

ZUTATEN:

Pizzateig:

1 Portion (ca. 220–250 g) Pizzateig mit Sauerteig (siehe S. 14) oder Teig nach Belieben

Belag:

1 Handvoll frischer Blattspinat
2 (rote oder gelbe) Chilischoten oder Peperoni (Schärfe nach Belieben)
1 Portion Tomatensoße (siehe S. 23)
60 g Mozzarella, in Scheiben oder Streifen geschnitten, gut abgetropft
6–8 grüne Oliven, ohne Stein
50 g Ziegenkäse
1 TL Olivenöl
1 TL frisch gehackte Kräuter, z. B. Oregano oder Basilikum
(feines Meer-)Salz

1. Spinat verlesen und waschen, dann gut abtropfen lassen bzw. trocken tupfen.
2. Chilischoten waschen, putzen, evtl. entkernen und in Streifen schneiden.
3. Pizzaofen oder Backofen vorheizen (siehe unten).
4. Pizzateig formen und zum Backen vorbereiten (siehe S. 10).
5. Tomatensoße auf den Pizzaboden streichen, dabei den Rand aussparen.
6. Mozzarella auf der Tomatensoße verteilen.
7. Oliven und Chilistreifen auf die Pizza legen.
8. Ziegenkäse darüberbröseln.
9. Pizza in den vorgeheizten Pizza- oder Backofen schieben und knusprig backen.
10. Aus dem Ofen nehmen, mit Öl beträufeln und mit gehackten Kräutern und 1 Prise Salz bestreuen. Blattspinat darüber verteilen.

Backzeiten (produktabhängig):

- Im vorgeheizten Pizzaofen (350–400 °C): 4–6 Minuten.
- Auf dem im Backofen bei 250 °C Ober-/Unterhitze vorgeheizten Pizzastein: 8–12 Minuten.
- Auf dem Backblech im auf 250 °C Ober-/Unterhitze oder 230 °C Umluft vorgeheizten Backofen: 12–15 Minuten.

Tipp:

Anstatt Blattspinat schmeckt auch Rucola gut.

Pizza Vegetariana

TOMATENSOSSE, MOZZARELLA, PAPRIKA, CHAMPIGNONS, ZWIEBEL, OLIVEN, ARTISCHOCKEN, MAIS

FÜR 1 RUNDE PIZZA MIT Ø 27–30 CM

ZUTATEN:

Pizzateig:

1 Portion (ca. 220–250 g) Pizzateig mit Sauerteig (siehe S. 14) oder Teig nach Belieben

Belag:

½ rote Paprikaschote
2–3 Champignons
1 kleine Zwiebel
1 EL Öl, z. B. Olivenöl
(feines Meer-)Salz
Pfeffer
½ TL getrocknete italienische Kräuter oder 1 TL frisch gehackte Kräuter, z. B. Oregano, Rosmarin, Thymian
2 grüne Oliven, ohne Stein
30 g Artischockenherzen in Öl
1 Portion Tomatensoße (siehe S. 23)
125 g Mozzarella, in Scheiben oder Streifen geschnitten, gut abgetropft
2 EL gekochter Mais aus der Dose

1. Paprika waschen und putzen, dann in Streifen oder Stücke schneiden.
2. Champignons putzen und in Scheiben schneiden.
3. Zwiebel abziehen, halbieren und in feine Scheiben schneiden.
4. Gemüse in eine Schüssel geben und mit Öl, Gewürzen und Kräutern vermengen.
5. Oliven in Scheiben schneiden. Artischocken abtropfen lassen und kleiner schneiden.
6. Pizzaofen oder Backofen vorheizen (siehe unten).
7. Pizzateig formen und zum Backen vorbereiten (siehe S. 10).
8. Tomatensoße auf den Pizzaboden streichen, dabei den Rand aussparen.
9. ¾ der Mozzarellastücke auf der Tomatensoße verteilen.
10. Mariniertes Gemüse daraufgeben, mit Artischocken, Mais und Oliven belegen und mit dem restlichen Mozzarella bestreuen.
11. Pizza in den vorgeheizten Pizza- oder Backofen schieben und knusprig backen.

Backzeiten (produktabhängig):

- Im vorgeheizten Pizzaofen (350–400 °C): 4–6 Minuten.
- Auf dem im Backofen bei 250 °C Ober-/Unterhitze vorgeheizten Pizzastein: 8–12 Minuten.
- Auf dem Backblech im auf 250 °C Ober-/Unterhitze oder 230 °C Umluft vorgeheizten Backofen: 12–15 Minuten.

Tipp:

Schmeckt auch lecker mit anderem Gemüse wie Zucchini, Auberginen oder Tomaten. Nach dem Backen mit frischem Basilikum garnieren.

Pizza Cipolla

TOMATENSOSSE, MOZZARELLA, ZWIEBEL

FÜR 1 RUNDE PIZZA MIT Ø 27–30 CM

ZUTATEN:

Pizzateig:

1 Portion (ca. 220–250 g) Pizzateig mit Sauerteig (siehe S. 14) oder Teig nach Belieben

Belag:

1–2 große Zwiebeln oder 1 Gemüsezwiebel
2 EL Olivenöl
(feines Meer-)Salz
Pfeffer
½ TL getrockneter Oregano oder 1 TL frisch gehackter Oregano
1 Portion Tomatensoße (siehe S. 23)
125 g Mozzarella, in Scheiben oder Streifen geschnitten, gut abgetropft

1. Zwiebel abziehen, halbieren und in feine Scheiben schneiden.
2. Öl in einer Pfanne erhitzen und Zwiebel darin glasig dünsten. Mit Salz, Pfeffer und Oregano würzen und Pfanne beiseite stellen.
3. Pizzaofen oder Backofen vorheizen (siehe unten).
4. Pizzateig formen und zum Backen vorbereiten (siehe S. 10).
5. Tomatensoße auf den Pizzaboden streichen, dabei den Rand aussparen.
6. ¾ der Mozzarellastücke auf der Tomatensoße verteilen.
7. Mit Zwiebeln belegen und restlichen Mozzarella darübergeben.
8. Pizza in den vorgeheizten Pizza- oder Backofen schieben und knusprig backen.

Backzeiten (produktabhängig):

- Im vorgeheizten Pizzaofen (350–400 °C): 4–6 Minuten.
- Auf dem im Backofen bei 250 °C Ober-/Unterhitze vorgeheizten Pizzastein: 8–12 Minuten.
- Auf dem Backblech im auf 250 °C Ober-/Unterhitze oder 230 °C Umluft vorgeheizten Backofen: 12–15 Minuten

Tipp:

Zum Anbraten der Zwiebel kannst du auch 1 TL Butter verwenden.

Auch sehr gut: zusätzlich 4–5 in Scheiben geschnittene Kirschtomaten als Belag mitbacken.

Ohne Tomatensoße

Pizza finocchio

MASCARPONE, PARMESAN, FENCHEL, PARMASCHINKEN

FÜR 1 RUNDE PIZZA MIT Ø 27–30 CM

Pizzateig:

1 Portion (ca. 220–250 g) Pizzateig Grundrezept (siehe S. 14) oder Teig nach Belieben

Belag:

½ kleine Fenchelknolle (ca. 120–150 g)

(feines Meer-)Salz

80 g Mascarpone

20 g Parmesan, geraspelt

1 EL Zitronensaft

½ TL getrockneter Thymian oder 1 TL frisch gehackter Thymian

Pfeffer

40 g Parmaschinken, in feine Scheiben geschnitten

1. Fenchel waschen, putzen und in sehr dünne Scheiben schneiden oder hobeln, dann salzen und 5 Minuten durchziehen lassen.
2. Danach Fenchel in ein Sieb geben, mit kaltem Wasser durchspülen und abtropfen lassen. Mit den Händen über dem Sieb gut ausdrücken und evtl. mithilfe eines Küchentuchs abtrocknen.
3. Pizzaofen oder Backofen vorheizen (siehe unten).
4. Mascarpone, Parmesan, Zitronensaft und Thymian in einer Schüssel vermischen und mit Salz und Pfeffer abschmecken.
5. Pizzateig formen und zum Backen vorbereiten (siehe S. 10).
6. Mascarponecreme auf dem Pizzaboden verstreichen, den Rand aussparen, dann mit Fenchel belegen.
7. Pizza in den Pizza- oder Backofen schieben und knusprig backen.
8. Pizza aus dem Ofen nehmen und Parmaschinken darauf verteilen.

Backzeiten (produktabhängig):

- Im vorgeheizten Pizzaofen (350–400 °C): ca. 4–6 Minuten.
- Auf dem im Backofen bei 250 °C Ober-/Unterhitze vorgeheizten Pizzastein: 8–12 Minuten.
- Auf dem Backblech im auf 250 °C Ober-/Unterhitze oder 230 °C Umluft vorgeheizten Backofen: 12–15 Minuten.

Tipp:

Vor dem Servieren mit frisch gehacktem Fenchelgrün bestreuen. Anstatt Parmaschinken schmeckt auch Räucherlachs sehr gut auf der Fenchelpizza.

Pizza Pera e Noci

MOZZARELLA, BIRNE, WALNUSSKERNE, GORGONZOLA
FÜR 1 RUNDE PIZZA MIT Ø 27–30 CM

Pizzateig:

1 Portion (ca. 220–250 g) Pinsateig (siehe S. 22) oder Teig nach Belieben

Belag:

½ Birne
1 EL Zitronensaft
3–4 Walnusskerne
1 EL Olivenöl
½ TL getrockneter Oregano oder 1 TL frisch gehackter Oregano
60 g Mozzarella, z. B. in Scheiben oder Streifen geschnitten, gut abgetropft
50 g Gorgonzola

1. Pizzaofen oder Backofen vorheizen (siehe unten).
2. Birne waschen, vierteln, entkernen und in Schnitze oder Scheiben schneiden. Mit Zitronensaft beträufeln.
3. Walnüsse klein hacken.
4. Pizzateig formen und zum Backen vorbereiten (siehe S. 10).
5. Pizzaboden mit Öl bepinseln und mit Oregano bestreuen, den Rand aussparen.
6. Mozzarella auf dem Boden verteilen, dann mit Birnen belegen und Gorgonzola darüberbröseln.
7. Pizza in den Pizza- oder Backofen schieben und knusprig backen.
8. Aus dem Ofen nehmen und Walnüsse darauf verteilen.

Backzeiten (produktabhängig):

- Im vorgeheizten Pizzaofen (350–400 °C): ca. 4–6 Minuten.
- Auf dem im Backofen bei 250 °C Ober-/Unterhitze vorgeheizten Pizzastein: 8–12 Minuten.
- Auf dem Backblech im auf 250 °C Ober-/Unterhitze oder 230 °C Umluft vorgeheizten Backofen: 12–15 Minuten.

Tipp:

Anstatt Gorgonzola schmeckt z. B. auch Schafskäse sehr gut.

Belagvariante: 1 kleine rote Zwiebel in Scheiben hobeln und diese mitbacken.

Pizza Elsass

CRÈME FRAÎCHE, MOZZARELLA, BACON, ZWIEBEL

FÜR 1 RUNDE PIZZA MIT Ø 27–30 CM

Pizzateig:

1 Portion (ca. 220–250 g) Neapolitanischer Pizzateig (siehe S. 16) oder Teig nach Belieben

Belag:

1 kleine (rote) Zwiebel

1 Frühlingszwiebel

60 g geräucherter und durchwachsener Speck/Bacon

100 g Crème fraîche oder Schmand

(Kräuter-)Salz, Pfeffer

60 g Mozzarella, z. B. in Scheiben oder Streifen geschnitten, gut abgetropft

1. Pizzaofen oder Backofen vorheizen (siehe unten).
2. Zwiebel abziehen, halbieren und in feine Scheiben schneiden.
3. Frühlingszwiebel putzen und in Röllchen schneiden.
4. Speck in Streifen oder Würfel schneiden.
5. Pizzateig formen und zum Backen vorbereiten (siehe S. 10).
6. Crème fraîche mit Salz und Pfeffer würzen und gut verrühren, dann auf dem Pizzateig verstreichen, den Rand aussparen.
7. Mozzarella darauf verteilen, mit Zwiebeln und Speck belegen.
8. Pizza in den Pizza- oder Backofen schieben und knusprig backen.
9. Nach dem Backen mit den Frühlingszwiebeln bestreuen.

Backzeiten (produktabhängig):

- Im vorgeheizten Pizzaofen (350–400 °C): ca. 4–6 Minuten.
- Auf dem im Backofen bei 250 °C Ober-/Unterhitze vorgeheizten Pizzastein: 8–12 Minuten.
- Auf dem Backblech im auf 250 °C Ober-/Unterhitze oder 230 °C Umluft vorgeheizten Backofen: 12–15 Minuten.

Tipp:

Vor dem Servieren mit geraspeltem oder gehobeltem Parmesan bestreuen.

Pizza ai Funghi Porcini

RICOTTA, MOZZARELLA, STEINPILZE, RUCOLA

FÜR 1 RUNDE PIZZA MIT Ø 27–30 CM

ZUTATEN:

Pizzateig:

1 Portion (ca. 220–250 g) Pizzateig Grundrezept (siehe S. 10) oder Teig nach Belieben

Belag:

70 g frische Steinpilze
80 g Ricotta oder Mascarpone
(Kräuter-)Salz
Pfeffer
1 Prise getrockneter Thymian
60 g Mozzarella, in Scheiben oder Streifen geschnitten, gut abgetropft
1–2 Handvoll Rucola

1. Pizzaofen oder Backofen vorheizen (siehe unten).
2. Pilze putzen und in Scheiben schneiden.
3. Pizzateig formen und zum Backen vorbereiten (siehe S. 10).
4. Ricotta mit etwas (Kräuter-)Salz, Pfeffer und Thymian in einer Schüssel verrühren, dann auf den Pizzaboden streichen, dabei den Rand aussparen.
5. Pilze darauf verteilen und Mozzarella darübergeben.
6. Pizza in den vorgeheizten Pizza- oder Backofen schieben und knusprig backen.
7. Währenddessen Rucola verlesen, waschen und gut abtropfen lassen bzw. trocken schleudern.
8. Pizza aus dem Ofen nehmen und mit Rucola bestreuen.

Backzeiten (produktabhängig):

- Im vorgeheizten Pizzaofen (350–400 °C): 4–6 Minuten.
- Auf dem im Backofen bei 250 °C Ober-/Unterhitze vorgeheizten Pizzastein: 8–12 Minuten.
- Auf dem Backblech im auf 250 °C Ober-/Unterhitze oder 230 °C Umluft vorgeheizten Backofen: 12–15 Minuten.

Tipp:

Nach dem Backen Pizza noch mit Parma- oder Rohschinkenscheiben belegen.

Pizza di Patate

RICOTTA, MOZZARELLA, KARTOFFELN, TRÜFFELÖL

FÜR 1 RUNDE PIZZA MIT Ø 27–30 CM

ZUTATEN:

Pizzateig:

1 Portion (ca. 220–250 g) Neapolitanischer Pizzateig (siehe S. 12) oder Teig nach Belieben

Belag:

2 mehligkochende Kartoffeln
1 EL Olivenöl
½ TL getrockneter Rosmarin oder 1 TL frisch gehackter Rosmarin
(Kräuter-)Salz
Pfeffer
80 g Ricotta oder Mascarpone
60 g Mozzarella, in Scheiben oder Streifen geschnitten, gut abgetropft
1 TL (weißes) Trüffelöl

1. Pizzaofen oder Backofen vorheizen (siehe unten).
2. Kartoffeln waschen, abtrocknen, schälen und fein hobeln. Dann zusammen mit Olivenöl, Rosmarin, Salz und Pfeffer in eine Schüssel geben und gut vermengen.
3. Pizzateig formen und zum Backen vorbereiten (siehe S. 10).
4. Ricotta mit etwas (Kräuter-)Salz und Pfeffer verrühren, dann auf den Pizzaboden streichen, dabei den Rand aussparen.
5. Kartoffelscheiben daraufgeben und Mozzarella darüber verteilen.
6. Pizza in den vorgeheizten Pizza- oder Backofen schieben und knusprig backen.
7. Aus dem Ofen nehmen und mit Trüffelöl beträufeln.

Backzeiten (produktabhängig):

- Im vorgeheizten Pizzaofen (350–400 °C): 4–6 Minuten.
- Auf dem im Backofen bei 250 °C Ober-/Unterhitze vorgeheizten Pizzastein: 8–12 Minuten.
- Auf dem Backblech im auf 250 °C Ober-/Unterhitze oder 230 °C Umluft vorgeheizten Backofen: 12–15 Minuten.

Tipp:

Nach dem Backen mit frischem Rucola garnieren.

Pizza Carbonara

EI, SAHNE, BACON, EMMENTALER, PARMESAN

FÜR 1 RUNDE PIZZA MIT Ø 27–30 CM

ZUTATEN:

Pizzateig:

1 Portion (ca. 220–250 g) Pizzateig mit Hartweizengrieß (siehe S. 16) oder Teig nach Belieben

Belag:

60 g geräucherter und durchwachsener Speck/Bacon

1 Eigelb

50 ml Sahne

(feines Meer-)Salz

Pfeffer

50 g geriebener Emmentaler oder Edamer

10 g geriebener Parmesan

1. Pizzaofen oder Backofen vorheizen (siehe unten).
2. Bacon in feine Streifen oder Würfel schneiden.
3. Ei und Sahne in einer Schüssel verquirlen und mit Salz und Pfeffer würzen. Dann Emmentaler, Parmesan und Bacon untermischen.
4. Pizzateig formen und zum Backen vorbereiten (siehe S. 10).
5. Ei-Sahne-Käse-Bacon-Mischung auf dem Pizzaboden verteilen. Es sollte keine Flüssigkeit über den erhöhten Rand hinauslaufen.
6. Pizza in den vorgeheizten Pizza- oder Backofen schieben und knusprig backen.

Backzeiten (produktabhängig):

- Im vorgeheizten Pizzaofen (350–400 °C): 4–6 Minuten.
- Auf dem im Backofen bei 250 °C Ober-/Unterhitze vorgeheizten Pizzastein: 8–12 Minuten.
- Auf dem Backblech im auf 250 °C Ober-/Unterhitze oder 230 °C Umluft vorgeheizten Backofen: 12–15 Minuten.

Tipp:

Nach dem Backen mit frischem Basilikum garnieren. Lecker: 1 Frühlingszwiebel waschen, putzen und in Röllchen schneiden. Nach dem Backen auf die Pizza streuen und mit frisch gemahlenem, schwarzem Pfeffer bestreuen.

Pizza bianca Verdure

MASCARPONE, ZUCCHINI, PAPRIKA, ZWIEBEL, GORGONZOLA

FÜR 1 RUNDE PIZZA MIT Ø 27–30 CM

ZUTATEN:

Pizzateig:

1 Portion (ca. 220–250 g) Pizzateig mit Hartweizengrieß (siehe S. 16) oder Teig nach Belieben

Belag:

1 Stück Zucchini
1 Stück rote Paprikaschote
½ kleine Zwiebel
1 EL Öl, z. B. Olivenöl
(feines Meer-)Salz
Pfeffer
½ TL getrocknete italienische Kräuter oder 1 TL frisch gehackte Kräuter, z. B. Oregano, Rosmarin, Thymian
80 g Mascarpone oder Ricotta
50 g Gorgonzola

1. Pizzaofen oder Backofen vorheizen (siehe unten).
2. Zucchini und Paprika waschen und putzen. Zucchini in feine Scheiben hobeln, Paprika in schmale Streifen schneiden.
3. Zwiebel abziehen und ebenfalls in feine Streifen schneiden.
4. Gemüse in eine Schüssel geben und mit Öl, Gewürzen und Kräutern vermischen.
5. Pizzateig formen und zum Backen vorbereiten (siehe S. 10).
6. Mascarpone in einer Schüssel mit Salz und Pfeffer verrühren, dann auf den Pizzaboden streichen, dabei den Rand aussparen.
7. Gemüse darauf verteilen.
8. Gorgonzola in Stücke schneiden und auf die Pizza geben.
9. Pizza in den vorgeheizten Pizza- oder Backofen schieben und knusprig backen.

Backzeiten (produktabhängig):

- Im vorgeheizten Pizzaofen (350–400 °C): 4–6 Minuten.
- Auf dem im Backofen bei 250 °C Ober-/Unterhitze vorgeheizten Pizzastein: 8–12 Minuten.
- Auf dem Backblech im auf 250 °C Ober-/Unterhitze oder 230 °C Umluft vorgeheizten Backofen: 12–15 Minuten.

Tipp:

Schmeckt auch lecker mit anderem Gemüse wie Aubergine, Brokkoli oder Tomate. Anstatt Gorgonzola kann auch Mozzarella oder Edamer verwendet werden.

Pizza Salmone con Asparagi

MASCARPONE, LACHS, SPARGEL, OLIVEN, PARMESAN

FÜR 1 RUNDE PIZZA MIT Ø 27–30 CM

ZUTATEN:

Pizzateig:

1 Portion (ca. 220–250 g) Pizzateig Grundrezept (siehe S. 10) oder Teig nach Belieben

Belag:

75 g grüner Spargel
90 g Lachsfilet
80 g Mascarpone
20 g geriebener Parmesan
1 EL Zitronensaft
½ TL getrockneter Dill oder 1 TL frisch gehackter Dill
(feines Meer-)Salz
Pfeffer
6–8 schwarze Oliven, ohne Stein

1. Spargel waschen, die unteren Bereiche evtl. schälen, dann in 4–5 cm lange Stücke schneiden. In einem Topf mit kochendem Salzwasser ca. 3 Minuten blanchieren, danach in ein Sieb abgießen, mit kaltem Wasser abschrecken und gut abtropfen lassen.
2. Lachsfilet mit Wasser abbrausen, mit Küchenpapier trocken tupfen und in etwa 1 × 3 cm große Stücke schneiden.
3. Pizzaofen oder Backofen vorheizen (siehe unten).
4. Pizzateig formen und zum Backen vorbereiten (siehe S. 10).
5. Mascarpone, Parmesan, Zitronensaft und Dill in einer Schüssel vermischen und mit Salz und Pfeffer abschmecken. Dann auf den Pizzaboden streichen, dabei den Rand aussparen.
6. Mit Lachs, Spargel und Oliven belegen
7. Pizza in den vorgeheizten Pizza- oder Backofen schieben und knusprig backen.

Backzeiten (produktabhängig):

- Im vorgeheizten Pizzaofen (350–400 °C): 4–6 Minuten.
- Auf dem im Backofen bei 250 °C Ober-/Unterhitze vorgeheizten Pizzastein: 8–12 Minuten.
- Auf dem Backblech im auf 250 °C Ober-/Unterhitze oder 230 °C Umluft vorgeheizten Backofen: 12–15 Minuten.

Tipp:

Mascarpone lässt sich durch Ricotta ersetzen. Anstatt Lachsfilet kannst du auch 75 g Räucherlachs auf die Pizza geben, aber erst nach dem Backen. Dann auch frischen Rucola darüberstreuen.

Pizza Patate e Pancetta

KARTOFFELN, PANCETTA, ZWIEBEL, PROVOLONE

FÜR 1 RUNDE PIZZA MIT Ø 27–30 CM

ZUTATEN:

Pizzateig:

1 Portion (ca. 220–250 g) Neapolitanischer Pizzateig (siehe S. 12) oder Teig nach Belieben

Belag:

2 mehligkochende Kartoffeln
1 ½ EL Olivenöl
½ TL getrocknete italienische Kräuter oder 1 TL frisch gehackte Kräuter, z. B. Oregano, Rosmarin, Thymian
(Kräuter-)Salz
Pfeffer
1 kleine Zwiebel
35 g Pancetta oder geräucherter Speck/Bacon
40 g Provolone oder Mozzarella

1. Pizzaofen oder Backofen vorheizen (siehe unten).
2. Kartoffeln waschen, abtrocknen, schälen und fein hobeln. Dann mit 1 EL Olivenöl, Kräutern, Salz und Pfeffer in eine Schüssel geben und gut vermengen.
3. Zwiebel abziehen und fein hacken.
4. Pancetta oder Speck würfeln.
5. Das restliche Olivenöl in einer Pfanne erhitzen, Zwiebel und Pancetta darin kurz anbraten. Kartoffeln hinzufügen und ca. 2 Minuten braten, dann Pfanne vom Herd nehmen.
6. Provolone in Würfel schneiden.
7. Pizzateig formen und zum Backen vorbereiten (siehe S. 10).
8. Gebratene Kartoffel-Pancetta-Mischung auf den Pizzaboden geben, dabei den Rand aussparen. Dann Provolone auf dem Belag verteilen.
9. Pizza in den vorgeheizten Pizza- oder Backofen schieben und knusprig backen.

Backzeiten (produktabhängig):

- Im vorgeheizten Pizzaofen (350–400 °C): 4–6 Minuten.
- Auf dem im Backofen bei 250 °C Ober-/Unterhitze vorgeheizten Pizzastein: 8–12 Minuten.
- Auf dem Backblech im auf 250 °C Ober-/Unterhitze oder 230 °C Umluft vorgeheizten Backofen: 12–15 Minuten.

Tipp:

Nach dem Backen mit frischen Basilikumblättern bestreuen und mit 1 TL (weißem) Trüffelöl beträufeln.

Pizza con Fichi e Formaggio di Capra

MOZZARELLA, FEIGEN, ZIEGENKÄSE, HONIG

FÜR 1 RUNDE PIZZA MIT Ø 27–30 CM

ZUTATEN:

Pizzateig:

1 Portion (ca. 220–250 g) Pinsateig (siehe S. 18) oder Teig nach Belieben

Belag:

2–3 Feigen
1 EL Olivenöl
(feines Meer-)Salz
Pfeffer
60 g Mozzarella, in Scheiben oder Streifen geschnitten, gut abgetropft
50 g Ziegenkäse
1 TL flüssiger Honig

1. Pizzaofen oder Backofen vorheizen (siehe unten).
2. Feigen waschen, putzen und in Scheiben oder Schnitze schneiden.
3. Pizzateig formen und zum Backen vorbereiten (siehe S. 10).
4. Pizzaboden mit Olivenöl bepinseln und mit Salz und Pfeffer würzen.
5. Mozzarella auf dem Boden verteilen, dann mit Feigen belegen.
6. Ziegenkäse darüberbröseln.
7. Pizza in den vorgeheizten Pizza- oder Backofen schieben und knusprig backen.
8. Aus dem Ofen nehmen und mit Honig beträufeln.

Backzeiten (produktabhängig):

- Im vorgeheizten Pizzaofen (350–400 °C): 4–6 Minuten.
- Auf dem im Backofen bei 250 °C Ober-/Unterhitze vorgeheizten Pizzastein: 8–12 Minuten.
- Auf dem Backblech im auf 250 °C Ober-/Unterhitze oder 230 °C Umluft vorgeheizten Backofen: 12–15 Minuten.

Ausgefallenes

Pizza Occhio di bue

TOMATENSOSSE, MOZZARELLA, SCHINKEN, EI

FÜR 1 RUNDE PIZZA MIT Ø 27–30 CM

Pizzateig:

1 Portion (ca. 220–250 g) Neapolitanischer Pizzateig (siehe S. 16) oder Teig nach Belieben

Tomatensoße:

1 Portion (siehe S. 27)

Belag:

125 g Mozzarella, z. B. in Scheiben oder Streifen geschnitten, gut abgetropft

2 Scheiben gekochter Schinken, z. B. Prosciutto cotto (ca. 100 g)

1 EL Öl, z. B. Olivenöl

1 Ei

Salz, Pfeffer

1. Pizzaofen oder Backofen vorheizen (siehe unten).
2. Pizzateig formen und zum Backen vorbereiten (siehe S. 10).
3. Tomatensoße auf den Pizzaboden auftragen, den Rand aussparen.
4. Mozzarella auf dem Boden verteilen.
5. Schinken in Stücke schneiden und auf den Mozzarella geben.
6. Pizza in den Pizza- oder Backofen schieben. Kurz vor Ende der Backzeit (siehe unten) die Pizza herausnehmen und mittig mit Olivenöl beträufeln. Das Ei vorsichtig daraufgeben und noch ein paar Minuten im Ofen fertig garen. Das Eigelb sollte innen noch flüssig sein.
7. Vor dem Servieren mit Salz und Pfeffer würzen.

Backzeiten (produktabhängig):

- Im vorgeheizten Pizzaofen (350–400 °C): ca. 4–6 Minuten.
- Auf dem im Backofen bei 250 °C Ober-/Unterhitze vorgeheizten Pizzastein: 8–12 Minuten.
- Auf dem Backblech im auf 250 °C Ober-/Unterhitze oder 230 °C Umluft vorgeheizten Backofen: 12–15 Minuten.

Tipp:

1 halbe rote Paprikaschote in Streifen schneiden, dem Belag hinzufügen und mitbacken.

Pizza Carpaccio

TOMATENSOSSE, MOZZARELLA, RINDERCARPACCIO, RUCOLA, PARMESAN

FÜR 1 RUNDE PIZZA MIT Ø 27–30 CM

ZUTATEN:

Pizzateig:

1 Portion (ca. 220–250 g) Pizzateig mit Sauerteig (siehe S. 14) oder Teig nach Belieben

Belag:

1 Portion Tomatensoße (siehe S. 23)

100 g Mozzarella, in Scheiben oder Streifen geschnitten, gut abgetropft

1–2 Handvoll Rucola

60 g Rindercarpaccio

15 g Parmesan

1. Pizzaofen oder Backofen vorheizen (siehe unten).
2. Pizzateig formen und zum Backen vorbereiten (siehe S. 10).
3. Tomatensoße auf den Pizzaboden streichen, dabei den Rand aussparen.
4. Mozzarella auf der Tomatensoße verteilen.
5. Pizza in den vorgeheizten Pizza- oder Backofen schieben und knusprig backen.
6. Währenddessen Rucola verlesen, waschen und gut abtropfen lassen bzw. trocken schleudern.
7. Pizza aus dem Ofen nehmen, mit Rindercarpaccio-Scheiben und Rucola belegen. Dann Parmesan darüber hobeln.

Backzeiten (produktabhängig):

- Im vorgeheizten Pizzaofen (350–400 °C): 4–6 Minuten.
- Auf dem im Backofen bei 250 °C Ober-/Unterhitze vorgeheizten Pizzastein: 8–12 Minuten.
- Auf dem Backblech im auf 250 °C Ober-/Unterhitze oder 230 °C Umluft vorgeheizten Backofen: 12–15 Minuten.

Tipp:

Vor dem Servieren mit 4–5 aufgeschnittenen Kirschtomaten oder ein paar Tomatenscheiben garnieren.

Pizza Mexicana

TOMATENSOSSE, MOZZARELLA, BACON, SCHARFE SALAMI, MAIS, ZWIEBEL, JALAPEÑOS

FÜR 1 RUNDE PIZZA MIT Ø 27–30 CM

ZUTATEN:

Pizzateig:

1 Portion (ca. 220–250 g) Pizzateig Grundrezept (siehe S. 10) oder Teig nach Belieben

Belag:

½ (rote) Zwiebel

2 Jalapeños

60 g geräucherter und durchwachsener Speck/Bacon

1 Portion Tomatensoße (siehe S. 23)

80 g Mozzarella, in Scheiben oder Streifen geschnitten, gut abgetropft

5–6 Scheiben scharfe Salami (ca. 25–30 g)

2–3 EL gekochter Mais aus der Dose

1. Pizzaofen oder Backofen vorheizen (siehe unten).
2. Zwiebel abziehen und in feine Scheiben schneiden oder hobeln.
3. Jalapeños evtl. entkernen, dann in Stücke schneiden.
4. Speck ebenfalls in Stücke oder Würfel schneiden.
5. Pizzateig formen und zum Backen vorbereiten (siehe S. 10).
6. Tomatensoße auf den Pizzaboden streichen, dabei den Rand aussparen.
7. ¾ der Mozzarellastücke auf der Tomatensoße verteilen.
8. Bacon, Salami, Zwiebeln, Mais und Jalapeños darauflegen und restlichen Mozzarella darüber verteilen.
9. Pizza in den vorgeheizten Pizza- oder Backofen schieben und knusprig backen.

Backzeiten (produktabhängig):

- Im vorgeheizten Pizzaofen (350–400 °C): 4–6 Minuten.
- Auf dem im Backofen bei 250 °C Ober-/Unterhitze vorgeheizten Pizzastein: 8–12 Minuten.
- Auf dem Backblech im auf 250 °C Ober-/Unterhitze oder 230 °C Umluft vorgeheizten Backofen: 12–15 Minuten.

Tipp:

1 Stück rote Paprikaschote in Streifen schneiden und zusätzlich als Belag auf der Pizza verteilen. Schmeckt auch lecker mit etwa 100 g krümelig gebratenem Hackfleisch anstatt Bacon und Salami.

Pizza Toscana

TOMATENSOSSE, MOZZARELLA, HÄHNCHEN, TOMATE, ZWIEBEL, BASILIKUM
FÜR 1 RUNDE PIZZA MIT Ø 27–30 CM

ZUTATEN:

Pizzateig:

1 Portion (ca. 220–250 g) Pizzateig Grundrezept (siehe S. 10) oder Teig nach Belieben

Belag:

80 g Hähnchenbrustfilet
1 EL Öl, z. B. Olivenöl
(feines Meer-)Salz
Pfeffer
1 Tomate
ein paar frische Basilikumblätter
1 kleine (rote) Zwiebel
1 Portion Tomatensoße (siehe S. 23)
125 g Mozzarella, in Scheiben oder Streifen geschnitten, gut abgetropft

1. Pizzaofen oder Backofen vorheizen (siehe unten).
2. Hähnchenbrustfilet abspülen, mit Küchenpapier trocken tupfen und in Streifen schneiden. Öl in einer Pfanne erhitzen und Hähnchenstreifen darin rundherum goldbraun anbraten. Mit Salz und Pfeffer würzen.
3. Tomate waschen und in Scheiben schneiden.
4. Basilikum waschen und trocken schütteln.
5. Zwiebel abziehen und in feine Scheiben schneiden oder hobeln.
6. Pizzateig formen und zum Backen vorbereiten (siehe S. 10).
7. Tomatensoße auf den Pizzaboden streichen, dabei den Rand aussparen.
8. ¾ der Mozzarellastücke auf der Tomatensoße verteilen.
9. Mit Hähnchenbruststreifen, Tomate und Zwiebel belegen.
10. Restlichen Mozzarella darüber verteilen.
11. Pizza in den vorgeheizten Pizza- oder Backofen schieben und knusprig backen.
12. Aus dem Ofen nehmen und mit Basilikum garnieren.

Backzeiten (produktabhängig):

- Im vorgeheizten Pizzaofen (350–400 °C): 4–6 Minuten.
- Auf dem im Backofen bei 250 °C Ober-/Unterhitze vorgeheizten Pizzastein: 8–12 Minuten.
- Auf dem Backblech im auf 250 °C Ober-/Unterhitze oder 230 °C Umluft vorgeheizten Backofen: 12–15 Minuten.

Tipp:

Du kannst noch ½ rote Paprikaschote in Streifen schneiden und die Pizza damit belegen. Oder zusätzlich 1 Handvoll Blattspinat waschen, verlesen, klein schneiden und auf der Pizza mitbacken.

Pizza O sole mio

TOMATENSOSSE, MOZZARELLA, BACON, ZWIEBEL, EI

FÜR 1 RUNDE PIZZA MIT Ø 27–30 CM

ZUTATEN:

Pizzateig:

1 Portion (ca. 220–250 g) Pizzateig mit Hartweizengrieß (siehe S. 16) oder Teig nach Belieben

Belag:

60 g geräucherter und durchwachsener Speck/Bacon
1 kleine Zwiebel oder 1–2 Frühlingszwiebeln
1 Portion Tomatensoße (siehe S. 23)
125 g Mozzarella, in Scheiben oder Streifen geschnitten, gut abgetropft
1 Ei
(feines Meer-)Salz
Pfeffer

1. Pizzaofen oder Backofen vorheizen (siehe unten).
2. Bacon in Streifen oder Würfel schneiden.
3. Zwiebel abziehen und in feine Scheiben schneiden oder hobeln.
4. Pizzateig formen und zum Backen vorbereiten (siehe S. 10).
5. Tomatensoße auf den Pizzaboden streichen, dabei den Rand aussparen.
6. Mozzarella auf der Tomatensoße verteilen.
7. In der Mitte etwas Platz für das Ei aussparen, Speck und Zwiebel rundherum verteilen.
8. Pizza in den vorgeheizten Pizza- oder Backofen schieben und knusprig backen.
9. Aus dem Ofen nehmen, Ei vorsichtig in die ausgesparte Mulde in der Mitte der Pizza aufschlagen. Pizza nochmal kurz in den Ofen schieben, bis das Eiweiß stockt. Das Eigelb sollte noch flüssig sein.
10. Vor dem Servieren mit Salz und Pfeffer bestreuen.

Backzeiten (produktabhängig):

- Im vorgeheizten Pizzaofen (350–400 °C): 4–6 Minuten.
- Auf dem im Backofen bei 250 °C Ober-/Unterhitze vorgeheizten Pizzastein: 8–12 Minuten.
- Auf dem Backblech im auf 250 °C Ober-/Unterhitze oder 230 °C Umluft vorgeheizten Backofen: 12–15 Minuten.

Tipp:

Anstatt Bacon eignen sich auch Schinken oder Salami. Für eine vegetarische Variante Bacon durch ½ rote, in Streifen geschnittene Paprikaschote ersetzen.

Pizza American Cheesy Crust

TOMATENSOSSE, MOZZARELLA, SALAMI, EMMENTALER, ZWIEBEL
FÜR 1 RUNDE PIZZA MIT Ø 26 CM

ZUTATEN:

Pizzateig:

1 Portion (ca. 220–250 g) Pizzateig Grundrezept (S. 10) oder Teig nach Belieben

Belag:

1 kleine (rote) Zwiebel

80 g Emmentaler oder Cheddar am Stück

1 Portion Tomatensoße (siehe S. 23)

100 g Mozzarella, in Scheiben oder Streifen geschnitten, gut abgetropft

6–8 Scheiben Salami (ca. 40–50 g)

1. Pizzaofen oder Backofen vorheizen (siehe unten).
2. Zwiebel abziehen und in feine Scheiben schneiden.
3. Teigportion zu einem durchgehend flachen Pizzaboden (ohne erhöhten Rand) mit einem Durchmesser von ca. 34 cm formen und zum Backen vorbereiten (siehe S. 10).
4. Emmentaler in Stäbchenform (1 × 3 cm) schneiden.
5. Käsestifte etwa 2 cm vom Außenrand entfernt rundherum auf den Pizzaboden legen. Dann den überstehenden Rand darüberklappen und den Teig gut auf dem Pizzaboden festdrücken
6. Tomatensoße auf den Pizzaboden streichen, dabei den Rand aussparen.
7. Mozzarella auf der Tomatensoße verteilen.
8. Mit Salamischeiben und Zwiebel belegen.
9. Pizza in den vorgeheizten Pizza- oder Backofen schieben und knusprig backen.

Backzeiten (produktabhängig):

- Im vorgeheizten Pizzaofen (350–400 °C): 4–6 Minuten.
- Auf dem im Backofen bei 250 °C Ober-/Unterhitze vorgeheizten Pizzastein: 8–12 Minuten.
- Auf dem Backblech im auf 250 °C Ober-/Unterhitze oder 230 °C Umluft vorgeheizten Backofen: 12–15 Minuten.

Tipp:

Diese Pizza kann im Grunde nach Belieben belegt werden. Es wird etwas mehr Teig als sonst für eine Pizza mit ca. Ø 26 cm verwendet, da der Pizzarand für die Käsefüllung umgeschlagen werden muss. Der Boden darf insgesamt etwas dicker sein. Falls man eine Pizza mit ca. 30 cm Durchmesser haben möchte, sollte ca. 270–290 g Pizzateig verwendet werden.

Pizza Sucuk

TOMATENSOSSE, MOZZARELLA, SUCUK, ZWIEBEL, OLIVEN, HIRTENKÄSE

FÜR 1 RUNDE PIZZA MIT Ø 27–30 CM

ZUTATEN:

Pizzateig:

1 Portion (ca. 220–250 g) Pizzateig mit Hartweizengrieß (siehe S. 16) oder Teig nach Belieben

Belag:

1 kleine (rote) Zwiebel

40–50 g Sucuk (türkische Knoblauchwurst)

1 Portion Tomatensoße (siehe S. 23)

50 g Mozzarella, in Scheiben oder Streifen geschnitten, gut abgetropft

6–8 grüne Oliven, ohne Stein

70 g Hirtenkäse

1. Pizzaofen oder Backofen vorheizen (siehe unten).
2. Zwiebel abziehen und in feine Scheiben schneiden oder hobeln.
3. Sucuk in feine Scheiben schneiden.
4. Pizzateig formen und zum Backen vorbereiten (siehe S. 10).
5. Tomatensoße auf den Pizzaboden streichen, dabei den Rand aussparen.
6. Mozzarella auf der Tomatensoße verteilen. Mit Sucuk, Zwiebel und Oliven belegen, dann Hirtenkäse darüberbröseln.
7. Pizza in den vorgeheizten Pizza- oder Backofen schieben und knusprig backen.

Backzeiten (produktabhängig):

- Im vorgeheizten Pizzaofen (350–400 °C): 4–6 Minuten.
- Auf dem im Backofen bei 250 °C Ober-/Unterhitze vorgeheizten Pizzastein: 8–12 Minuten.
- Auf dem Backblech im auf 250 °C Ober-/Unterhitze oder 230 °C Umluft vorgeheizten Backofen: 12–15 Minuten.

Tipp:

Belagvarianten: ½ rote Paprikaschote in Streifen schneiden und mitbacken. Oder eine rote Peperoni in Röllchen schneiden und die gebackene Pizza vor dem Servieren damit garnieren.

Pizza di Carne macinata

TOMATENSOSSE, MOZZARELLA, HACKFLEISCH, ZWIEBEL, PARMESAN

FÜR 1 RUNDE PIZZA MIT Ø 27–30 CM

ZUTATEN:

Pizzateig:

1 Portion (ca. 220–250 g) Pizzateig mit Hartweizengrieß (siehe S. 16) oder Teig nach Belieben

Belag:

1 Zwiebel
1 EL Öl, z. B. Olivenöl
1 TL Tomatenmark
150 g Hackfleisch
1 Portion + 2 EL Tomatensoße (siehe S. 23) oder 2 EL gehackte Tomaten
(feines Meer-)Salz
Pfeffer
½ TL getrocknete italienische Kräuter oder 1 TL frisch gehackte Kräuter, z. B. Oregano, Rosmarin, Thymian
80 g Mozzarella, in Scheiben oder Streifen geschnitten, gut abgetropft
2 EL geriebener Parmesan

1. Pizzaofen oder Backofen vorheizen (siehe unten).
2. Zwiebel abziehen und halbieren. Eine Hälfte fein würfeln, die andere Hälfte in Scheiben schneiden.
3. Öl in einer Pfanne erhitzen, gehackte Zwiebel und Tomatenmark hinzufügen, 1 Minute dünsten, dann Hackfleisch zugeben und krümelig braten.
4. 2 EL Tomatensoße untermischen und mit Salz, Pfeffer und italienischen Kräutern abschmecken.
5. Pizzateig formen und zum Backen vorbereiten (siehe S. 10).
6. Tomatensoße auf den Pizzaboden streichen, dabei den Rand aussparen.
7. Hackfleischmasse auf der Pizza verteilen und mit den Zwiebelscheiben belegen.
8. Mozzarella darüber verteilen und mit Parmesan bestreuen.
9. Pizza in den vorgeheizten Pizza- oder Backofen schieben und knusprig backen.

Backzeiten (produktabhängig):

- Im vorgeheizten Pizzaofen (350–400 °C): 4–6 Minuten.
- Auf dem im Backofen bei 250 °C Ober-/Unterhitze vorgeheizten Pizzastein: 8–12 Minuten.
- Auf dem Backblech im auf 250 °C Ober-/Unterhitze oder 230 °C Umluft vorgeheizten Backofen: 12–15 Minuten.

Tipp:

Als Belag zusätzlich 4–5 in Scheiben geschnittene Kirschtomaten oder 2 EL gekochten Mais mitbacken.

Pizza con Fichi e Noci

TOMATENSOSSE, MOZZARELLA, FEIGEN, WALNUSSKERNE, PARMESAN

FÜR 1 RUNDE PIZZA MIT Ø 27–30 CM

ZUTATEN:

Pizzateig:

1 Portion (ca. 220–250 g) Pizzateig mit Hartweizengrieß (siehe S. 16) oder Teig nach Belieben

Belag:

2–3 frische Feigen

3–4 Walnusskerne

1 Portion Tomatensoße (siehe S. 23)

80 g Mozzarella, in Scheiben oder Streifen geschnitten, gut abgetropft

2 EL geriebener oder geraspelter Parmesan

1. Pizzaofen oder Backofen vorheizen (siehe unten).
2. Feigen waschen, putzen und in Scheiben oder Schnitze schneiden.
3. Walnüsse kleiner hacken.
4. Pizzateig formen und zum Backen vorbereiten (siehe S. 10).
5. Tomatensoße auf den Pizzaboden streichen, dabei den Rand aussparen.
6. Mozzarella auf dem Boden verteilen, dann Feigen darauflegen.
7. Pizza in den vorgeheizten Pizza- oder Backofen schieben und knusprig backen.
8. Aus dem Ofen nehmen, Walnüsse darauf verteilen und mit Parmesan bestreuen.

Backzeiten (produktabhängig):

- Im vorgeheizten Pizzaofen (350–400 °C): 4–6 Minuten.
- Auf dem im Backofen bei 250 °C Ober-/Unterhitze vorgeheizten Pizzastein: 8–12 Minuten.
- Auf dem Backblech im auf 250 °C Ober-/Unterhitze oder 230 °C Umluft vorgeheizten Backofen: 12–15 Minuten.

Tipp:

Mit frisch gehacktem Rosmarin bestreuen oder 1 Handvoll Rucola auf der fertig gebackenen Pizza verteilen. Anstatt Parmesan kann man auch 20 g Hirtenkäse darüberbröseln.

Pizza alla Salsiccia e Radicchio

TOMATENSOSSE, MOZZARELLA, SALSICCIA, RADICCHIO

FÜR 1 RUNDE PIZZA MIT Ø 27–30 CM

ZUTATEN:

Pizzateig:

1 Portion (ca. 220–250 g) Pizzateig mit Sauerteig (siehe S. 14) oder Teig nach Belieben

Belag:

½ Radicchio
1 EL Olivenöl
(feines Meer-)Salz
Pfeffer
1 Portion Tomatensoße (siehe S. 23)
100 g Mozzarella, in Scheiben oder Streifen geschnitten, gut abgetropft
70 g Salsiccia fresca (italienische Fenchelbratwurst)

1. Radicchio putzen, waschen und trocken tupfen, dann in feine Streifen schneiden. In einer Schüssel mit Olivenöl und Gewürzen vermischen und bis zur Weiterverarbeitung marinieren.
2. Pizzaofen oder Backofen vorheizen (siehe unten).
3. Pizzateig formen und zum Backen vorbereiten (siehe S. 10).
4. Tomatensoße auf den Pizzaboden streichen, dabei den Rand aussparen.
5. ¾ der Mozzarellastücke auf der Tomatensoße verteilen.
6. Salsiccia an einem Ende einritzen und das Brät herausdrücken. Dann mit dem Radicchio auf der Pizza verteilen
7. Restlichen Mozzarella darüberstreuen.
8. Pizza in den vorgeheizten Pizza- oder Backofen schieben und knusprig backen.

Backzeiten (produktabhängig):

- Im vorgeheizten Pizzaofen (350–400 °C): 4–6 Minuten.
- Auf dem im Backofen bei 250 °C Ober-/Unterhitze vorgeheizten Pizzastein: 8–12 Minuten.
- Auf dem Backblech im auf 250 °C Ober-/Unterhitze oder 230 °C Umluft vorgeheizten Backofen: 12–15 Minuten.

Tipp:

Belagvarianten: Radicchio durch 3 in Scheiben geschnittene Champignons und ein paar halbierte Kirschtomaten ersetzen. Dazu noch mit gehobeltem Parmesan bestreuen und nach dem Backen mit 1 Handvoll Rucola belegen.

Pizza Chorizo

TOMATENSOSSE, MOZZARELLA, PAPRIKA, ZWIEBEL, CHORIZO, MAIS
FÜR 1 RUNDE PIZZA MIT Ø 27–30 CM

ZUTATEN:

Pizzateig:

1 Portion (ca. 220–250 g) Pizzateig mit Sauerteig (siehe S. 14) oder Teig nach Belieben

Belag:

1 kleine Zwiebel
½ rote Paprikaschote
½ gelbe Paprikaschote
40–50 g Chorizo
1 Portion Tomatensoße (siehe S. 23)
125 g Mozzarella, in Scheiben oder Streifen geschnitten, gut abgetropft
2 EL gekochter Mais aus der Dose

1. Pizzaofen oder Backofen vorheizen (siehe unten).
2. Zwiebel abziehen und in feine Scheiben schneiden oder hobeln.
3. Paprika waschen, putzen und in Streifen oder Stücke schneiden.
4. Chorizo in feine Scheiben schneiden.
5. Pizzateig formen und zum Backen vorbereiten (siehe S. 10).
6. Tomatensoße auf den Pizzaboden streichen, dabei den Rand aussparen.
7. ¾ der Mozzarellastücke auf der Tomatensoße verteilen.
8. Dann Pizza mit Paprika, Zwiebel und Chorizo belegen. Mais daraufgeben und restlichen Mozzarella darüberstreuen.
9. Pizza in den vorgeheizten Pizza- oder Backofen schieben und knusprig backen.

Backzeiten (produktabhängig):

- Im vorgeheizten Pizzaofen (350–400 °C): 4–6 Minuten.
- Auf dem im Backofen bei 250 °C Ober-/Unterhitze vorgeheizten Pizzastein: 8–12 Minuten.
- Auf dem Backblech im auf 250 °C Ober-/Unterhitze oder 230 °C Umluft vorgeheizten Backofen: 12–15 Minuten.

Tipp:

Anstatt Mais eignet sich auch klein geschnittene eingelegte Peperoni. Zum Garnieren nach dem Backen noch 3–4 halbierte Kirschtomaten auflegen. Mit frischen Basilikumblättern oder 1 Handvoll Rucola bestreuen.

Bonusmaterial zum Buch

Auf **www.happyfitfood.de/pizza** habe ich dir weitere Infos und Empfehlungen rund um die Pizza zusammengestellt. Vom richtigen Formen der Teiglinge bis hin zu Empfehlungen für Pizzaofen und Pizzastein findest du hier hilfreiche Tipps, um eine wunderbar knusprige Pizza zu backen. Ebenso steht ein E-Book mit leckeren Pizza-Zusatzrezepten zum Download bereit.

Über die Autorin

Veronika Pichl ist Autorin zahlreicher Kochbücher und Ratgeber. Mit ihren Büchern und ihrem Blog-Magazin »HappyFitFood – Gesunde Ernährung mit Fun-Faktor« möchte sie ihre Leser zu einem gesünderen und glücklicheren Leben inspirieren. Im riva Verlag sind bereits viele erfolgreiche Bücher von ihr erschienen. Sie lebt mit ihrem Mann und ihren beiden Kindern im schönen Mittelfranken.

Mehr Infos zur Autorin und ihren Büchern findest du auf **www.veronikapichl.de**. Im Blog-Magazin von Veronika Pichl auf **www.happyfitfood.de** erscheinen regelmäßig leckere Rezepte, Meal-Prep und Lunchbox-Ideen. Außerdem gibt es wissenswerte Beiträge, um mehr Bewegung in den Alltag zu bringen und Kilos zu verlieren, aber auch Tipps, um seine Ziele zu erreichen – für eine nachhaltige Lebensweise und mehr Zufriedenheit im Leben.

Zutatenregister